养育女孩

鸿恩 编著

吉林文史出版社
JILINWENSHICHUBANSHE

前　言

　　我们眼前的这个女孩，看上去普普通通。也许，现在的她乖巧听话，或者有一些活泼淘气，还喜欢撒娇。喜欢被爸爸妈妈抱着转圈。但几年的光阴之后，她会变成一个怎样的姑娘？

　　身为父母，是否想过昔日这个在自己的怀里吵吵闹闹的小女孩，将来有一天会在某个领域中独当一面；这个正在和布娃娃对话的小女孩，将来会掌控着多少财富，与多少人打交道；这个眼下一无是处的小女孩，将来会飞到很远的地方，到世界上最具竞争力的学校攻读学位；这个看上去不怎么灵光的小女孩，以后会因为具有美丽的气质与心灵，而受到多少人的仰慕……

　　也许家长们会笑着摇摇头：怎么可能，她就是我们掌心的小不点儿呀！或许，上面的那些梦想对于普通人家来说，似乎太过遥远。但哪个父母不希望自己的女儿将来能够生活得幸福美满呢？其实，当我们去了解一下那些杰出的女性，会发现她们在小时候也没有显示出太多的过人之处，很多人的童年经历甚至比平常人更加悲惨，但是由于她们身边总有一些影响她们、塑造她们的人，以及她们自身拥有的良好素质，终于还是让她们成为一朵美丽的花。

我们的女孩，她今天具备什么样的素质，明天就将得到什么样的平台去发展。换言之，今天的女孩接受怎样的教育和影响，明天她就将长成怎样一种气质和模样。相信很多家长都希望自己的女儿将来出落得亭亭玉立、优雅大方、秀外慧中、聪明伶俐，那么，请在此刻就给她那种让她可以长成理想模样的教育。

"窦燕山，有义方。教五子，名俱扬"，耳熟能详的《三字经》告诉我们最为朴实的道理：一个小孩的成长，是需要父母用正确方法来教导的。俗话说"养儿不教如养驴，养女不教如养猪"，如果我们作为家长，不为女孩的成长多花些心思，觉得养一个孩子，只是不要她挨饿受冻就好，那和养宠物、养花草有什么区别呢？

看到这里，也许有的家长突然意识到这是一个问题：对呀，我要对自己的宝贝女儿多加培养！至于怎样培养，从哪方面培养，用什么方法来培养，本书能够为广大的家长朋友们提供具有可行性的参考。

本书汇总了养育女孩所能遇到的各种问题，通过阅读本书，相信家长们会树立一些关于养育女孩的概念和意识。本书在叙述内容的时候尽量使语言通俗简明，易于家长朋友理解，并在很多地方穿插丰富的教育实例故事和名人逸事。在每篇文章的最后，都会有1～3个实用小招数，便于家长朋友们学以致用。希望在本书的帮助下，家庭教育不再是空洞的说教和命令，而是和女孩的一次愉快的互动。

目　录

第三章

好妈妈胜过好老师——妈妈是最好的老师

第四章

如何听女孩才会说，怎样说女孩才会听

第七章

风靡哈佛的情商课——让女孩做情绪的主人

第八章

女孩贵在自重自爱——用心培养自尊女孩

第一章

男孩来自火星，女孩来自金星

一个有别于男孩的"世界"

好一个又甜又辣的小女孩

在古老的童谣中有这样的传说：女孩就是用糖和香料以及一切美好的东西做成的。

和男孩相比，女孩们很少会对手枪、坦克、变形金刚这样的玩具感兴趣。她们喜欢可爱的洋娃娃、漂亮的花瓣，或者是好闻的香水，她们喜欢一切美好的事物。

这就是女孩，她们就好像是一块小甜饼，永远让爱着她的爸爸妈妈忍不住想咬她一口。

她是那样地聪明伶俐、乖巧可爱，让所有看到她的人都会忍不住想逗逗她，甚至是想捏一下她肉乎乎的小脸蛋儿。

如果您也有这样的一个女儿，您一定会希望她能永远那样乖巧而惹人疼爱，你希望她永远生活得平安幸福。但是，女孩的世界中并不都是那样平静而美丽，她们在成长的过程中也总会有这样那样的烦恼，那些对大人们来说无所谓的困难却足以让女孩感到抓狂和不知所措，在她们的世界中也有很多的苦恼和哀愁。

她会莫名其妙地闷闷不乐；

她会突然间哭得停不下来，大声地叫嚷；

她会在某个时候对父母很依赖，以至于不想回到自己的房间睡觉；

……

看着自己眼前这个情绪多变的小女孩，您会不会觉得她比外星人还令我们捉摸不透。

我们常常会听到自己的女儿这样抱怨：

为什么我长得这么普通，而我特别讨厌的那个女孩却那么漂亮？

为什么我总是这么倒霉？

该死的考试，什么时候才能结束？

看看下面一对母女的对话吧：

莉莉：当班长太累了，又要自己学习，还要维持纪律。

妈妈：既然不喜欢，就和老师说说不做了。

莉莉：可是我也很喜欢做班长，它让我觉得很光荣。

妈妈：既然你喜欢，那就不要再嚷嚷着说累了。

莉莉沮丧：可是喜欢不代表不累啊！

妈妈反问：那你到底想要怎样呢？

莉莉郁闷：哎呀！你根本就不理解我，我不和你说了。

妈妈无奈：真不知道你到底要说什么。

......

谈过话后，莉莉只觉得情绪无处发泄，她不愿意继续交谈，因为她觉得无趣极了。

在大多数人的惯常思维中，女孩是乖巧善良可爱的，其实这样认识女孩并不全面。女孩的特有性格中还少不了固执苛刻、喜怒无常和蛮横霸道，这些性格特征出现在女孩身上是多么地正常。

这时的女孩就不再是一块甜甜的饼了，而成了一个呛人的小辣椒。

事实上，女孩就是这样，她们并不只是表面上的单纯可爱，她们善于耍小心眼儿，更倾向于"智取"。尽管她们有很甜美的一面，但是我们也不能忽略她们的辛辣、苦涩，还有就是酸与麻。

对于女孩的教育，并不是说要简单地保留她身上的甜味而去掉其他不好的气味，更不可以任她掩盖住天性当中的那些甜味。最高明的父母，一定要让这些味道全部保留，并且调制成最可口、最美味、最容易让人接受、最让人喜欢的独特风味。当然，最重要的一点是，让女孩因为自己的独特味道而感受到幸福和快乐。

如果父母能够培养出这样的女孩，就会感受到：抚养一个女孩真的像是在创作一件艺术品，是一件十分美好的事。

"嗯……那好吧"——容易委曲求全的小女孩

这些看上去又甜又辣的小女生，她们的成长轨迹是怎样的呢？

一位有着多年从教经验的老师这样描述她眼中的女孩：

她们是文静的，也是懂得遵守纪律的，她们上课认真听讲，在课堂上从不捣乱；

她们是按时交作业的好小孩，她们害怕挨老师的批评；

和男孩相比，她们更懂得如何讨得长辈们的欢心；

......

女孩，更喜欢安定、平稳地成长，这个特点不知曾让多少家长感到欣慰：因为大多数的女孩家长都持有这样的观点，正是由于女孩如此听话乖巧，家长们往往不需要太费神就可以把她们教养好。

而实际上，真的就是这样简单吗？

著名的教育专家孙云晓先生曾经就此提醒女孩的家长们：千万不要"高兴得太早"。家长这种盲目的高兴和疏忽大意很有可能会走向另一个教育误区：家长如果不够注意女孩的心理发展，女孩就很有可能变得敏感多疑；家长如果不注意对女孩的能力培养，女孩就很有可能变得胆小脆弱……

小女孩豆豆今年已经4岁，虽然说在幼儿园里年纪已经不算小了，但是她好像天生就很怕人，在幼儿园里经常会把自己心爱的玩具不情愿地让给别人。

那天妈妈去幼儿园接豆豆回家，在院子里看到了这一幕：

小豆豆站在院子的一角，手里捏着她喜欢的毛绒玩具小海豚，正在摆弄着，不远处小男孩丁丁朝着豆豆的方向跑了过来："冲啊，杀啊。"

豆豆吓坏了，她本能地把小海豚藏在身后，大声喊道："不许你抢我的海豚！"

豆豆不说还好，这样一说，丁丁执意要抢豆豆的玩具，把豆豆气哭了。

"哇哇——"

看到宝贝女儿在哭，妈妈感到很心疼，连忙跑了过去对丁丁说："你怎么可以抢姐姐的东西呢？这样做是不对的。"

丁丁哪里理会，他扮个鬼脸之后就利落地跑开了。

空荡荡的院子里只有豆豆和妈妈，妈妈使尽浑身解数来安抚这个受到心灵创伤的小女孩："好豆豆我们不哭了，回来妈妈给你买个更大的海豚。"总算是让豆豆破涕为笑了。

只是，妈妈心里一直嘀咕：我家豆豆总是这么怯懦，连小弟弟都可以欺负她，但愿她以后长大了可不要这样。

相信没有一个家长希望自己的女儿会变成这样，但又是什么原因让这些女孩变得如此敏感脆弱呢？

追根溯源，要从人身体中那对性染色体中携带的 X 染色体说起。

X 染色体携带了女性基因，所以它强化了女孩天生具有的女性特征，比如软弱、安静、柔顺等特点；与此同时，它还决定了女孩更加注重人际关系的协调，这才是根本的原因。正因为女孩更害怕人与人之间的关系破裂，所以她们常常会委曲求全，胆小软弱这样的特征就很明显地表现出来了。

正因为如此，所以女孩和男孩在看待周围的世界时，会表现出很大的不同。

女孩总是重视与自己有关的任何人之间的关系。细心的家长也许会发现，当自己的女儿与他人的关系不融洽的时候，她们会极度地伤心难过："为什么老师不表扬我了呢？""为什么今天莉莉不带我玩了？""为什么姐姐不和我一起拼图了呢？"

为了能够让自己的内心充满安全感，女孩总是需要更好地保持与他人之间的关系。

为了能够与爸爸妈妈保持更好更稳固的关系，女孩总是会让自己完全按照父母的意愿行事，即便有的时候她的内心很不乐意；

在与同龄人的交往当中，女孩也经常会表现得谦让和顺从，以赢得对方的好感，使彼此更友好，使自己更有安全感。

沿着这种成长轨迹长大的女孩，她们多半都很听话。在很多时候不得不委曲求全，不太爱表达自己的看法，也不是遵照着自己的意愿来行事。

在不知不觉中，女孩原本的独立性、自主性都丧失了。这种习惯将一直影响到女孩在日后的生活，她们常常会为了满足他人的意愿而损害自身的利益。

"爸爸是我的保护神"——渴望他人的保护

女孩似乎天生就渴望得到他人的保护。

在女孩很小很小的时候，她们从来不为什么事情而担心，因为她们知道，有爸爸妈妈会一直在身边保护她们。在生活中，不难看到这样的场景：

一个小女孩和一个小男孩，他们正在发生争执。小女孩气哄哄地说："哼哼，我不怕你，我爸爸很厉害的，你要是再敢欺负我，我就告诉爸爸。"

当生活中出现的一些状况让女孩感到无法应对的时候，她们的第一反应总是希望能够有人伸出援助之手。而这个给她们提供无微不至的帮助的人，非爸爸莫属。

曾经有大量的研究表明：那些平时与父亲接触较少的女孩，她们在体重、身高、动作等方面的发育速度都会显得较为落后。并普遍存在焦虑、自尊心不强、自控能力较弱等感情障碍，表现为忧虑、多动、有依赖性，这种状况被专家称为"缺少父亲综合征"。在父亲坚实臂膀的支持和呵护下，不管身处何处，女儿总是能平安健康地茁壮成长。

大多数的女孩都会有这样的一段心理发展历程，甚至有的女孩会形成一种强烈的心理依赖：我要受到别人的帮助和保护，因为我是女孩。很多爸爸妈妈，在面对女孩的这种心理依赖时总会感到习以为常：毕竟，女孩子嘛，娇气一点儿很正常。不过，为人父母的我们可能还不知道这样的危害吧，其实这样的做法对女孩的成长和发展都极为不利。因为一个女孩如果经常抱有依赖心理，她就会很自然地把自己定位成弱者。长此以往，当她们遇到人生重大问题的时候，首先想到的一定不是依靠自己的力量来解决，而是总幻想着有人来帮助她。

其实，在小女孩的心目中，她们总是幻想着得到父母更多的爱，父母的爱，是这些小女孩最坚实的依靠。她们想要得到的，不仅仅是疼爱，还有宠爱。

这可能是女孩的天性，她们习惯于把自己定位成为"弱者"，而这种定位，可能更多地来自父母的宠爱。

大多数的父母在习惯上总认为女孩是娇小而柔弱的，喜欢对宝贝女儿们过度地爱护："哎哟！我的小宝宝啊。"看到女孩受苦了受累了，总是忍不住心疼；看到女孩哭了，就不舍得再教训她了。这些被宠着、哄着长大的女孩已经禁不起挫折和伤害，正因为如此，女孩也认为她们受到保护是天经地义的。

这是一个周末，小女孩芸芸在家里沉沉地睡着，而爸爸妈妈都早早起床，因为他们要去参观一个项目展览。

临走的时候，妈妈写了一张小纸条放在桌子上，告诉芸芸他们要下午才能回来，叮嘱她不要随便给陌生人开门。桌子上放好了芸芸的早饭和午饭，吃的时候只需要放到微波炉里加热一下就好。把一切安排妥当，爸爸妈妈安心地出门了。

上午9点多，芸芸终于睡醒了，她揉揉惺忪的眼睛，发现周围一片安静。和往常一样，她习惯性地赖在床上，叫着"妈妈，妈妈"。要是以往，妈妈肯定会放下手中的家务，然后来到芸芸旁边，哄着她说："都几点了，你怎么还不起床啊？早饭还要不要吃呢？"可是今天，爸爸妈妈怎么没有反应呢？芸芸一下子就急了，放大声音喊"妈妈，妈妈"，还是没有反应。芸芸感到委屈，噘起嘴不高兴了。

芸芸穿好衣服来到客厅，发现爸爸妈妈都不在家，只有她一个人。桌上的早餐已经凉了，要是在以往，妈妈一定会把热腾腾的早餐摆在她面前。想想以前，一家人总是围着她团团转的情景，不知为什么，芸芸一下难过起来，眼泪顺着眼角就流了出来。

女孩天生的敏感以及家长过度地呵护，反而让她觉得自己常常会被一种不安的感觉所包围。所以，我们养育女孩，为她创造一个和睦的家庭气氛是尤为重要的。以前也曾经有过相关的研究表明：在和睦的家庭环境中成长起来的女孩，会比其他的孩子更加开朗活泼，聪明可爱。

小女孩心中的美好生活是什么样子的呢？来看看一个小朋友的日记：

今天，爸爸妈妈带着我去公园，我玩秋千，妈妈帮我扶着，爸爸帮我推着，我坐在中间。爸爸还给我买了一个"蓝猫"大号气球，我特别喜欢。我们下午回家了，妈妈又给我做了一桌好吃的饭菜。今天真高兴啊。

想让女孩生活得快乐吗？她们并不需要昂贵的衣服，也不一定要玩最高级的玩具，只要让她感到爸爸妈妈在爱她，女孩就会感到没有比这更值得高兴的事情了。

如果一个家庭不和睦，那么受伤最深的也是孩子，尤其是最为看重人与人之间关系的女孩。如果女孩在家庭中找不到一种安全感，她会怎么办呢？她难道不想逃离吗？

"我可以吗"——缺乏主见的小公主

和男孩相比而言，很多女孩都有缺乏主见的表现：

女孩喜欢关注周围的好伙伴喜欢穿什么样的衣服，然后追赶着流行，自己也要买一件。

不仅是衣服，女孩还关注美丽的发型和漂亮的首饰，看到别的女孩拥有的漂亮手链，自己也想拥有一副。

任何一项或是有意义或无意义的活动，在女生中往往会传播得很快，因为一传十，十传百，女孩子都爱跟风……

女孩天生都是没主意的孩子吗？

女孩所表现出来的"没主见"，一方面和女孩天生注重人际关系有着密切的关系；另一方面，也在于后天爸爸妈妈的培养。

父母的培养方式对于女孩子这一点的改造至关重要。很多爸爸妈妈过于爱自己的孩子，以至于事事都替孩子包办了。时间久了，父母终于发现自己的孩子好像不太有主见。其实，孩子一路成长的过程中，哪有自己做主的机会呢？

女孩有她独特的成长过程，当女孩还很小的时候，并不能自然地来进行理性思维。所以但凡遇到什么事情，总是不能够很好地进行选择。比如有的时候父母问她"晚上想吃什么"，也许她会思考半个小时还想不出答案来。

女孩稍微长大一点儿，到了青春期之后，这个时期由于受到荷尔蒙分泌等因素的影响，女孩会变得比较懒散，她们在意识上觉得让别人来做抉择比自己做出决定简单得多。所以，她们不太喜欢思考，无论生活中遇到的大事还是细小的琐碎事情，她们都会把决定权交给周围的人，自己干脆"顺其自然"就好了。

所以，女孩的没有主见，一方面是与女孩注重人际关系的天性有关；另一方面是与女孩的成长轨迹有关。此外，爸爸妈妈的教育方式不当也会使女孩变得没有主见。父母最好要有意识地培养女孩的自主能力，尽可能地调动孩子身上的积极性。

谢军是享誉世界的国际象棋特级大师，曾获得过多项世界冠军。很多人羡慕她的辉煌成就，但很少有人知道她之所以能够取得这样的成就，完全是因为父母给了她自主的机会。

　　1982年，12岁的谢军小学即将毕业，但她却面临了两难境地：是升重点中学还是学棋，在这个分岔口谢军举棋不定。

　　小学6年中，谢军曾有7个学期被评为三好学生，这样品学兼优的孩子谁见谁要，学校当然要保送她上重点中学。

　　但是，国际象棋的黑白格同样牵引着谢军和她的一家人。在这个节骨眼儿，母亲的一席话给了谢军莫大的勇气，让小小年纪的她学会了自主，学会了对自己负责。

　　母亲叫来了谢军，用商量的语气说："谢军，抬起头来，看着母亲的眼睛。你很喜欢下棋，是不是？"

　　这是母亲对女儿选择道路的提问，从某种意义上讲，也是对女儿将来命运的提问。

　　家庭是民主的，对孩子采取了审慎的商量的办法，充分尊重女儿的意见和选择。

　　谢军目光坚毅、严肃地看着母亲的眼睛，坚定地说出七个字："我还是喜欢学棋。"

　　听到女儿的话后，母亲同意了她的选择，同时又严肃地说："很好，不过你要记住，下棋这条路是你自己选择的，既然你做出了这个重要的选择，今后你就应该负起一个棋手应有的责任。"

　　一个12岁的女孩很难懂得和理解这段话，却理解了父母的良苦用心。

　　正是母亲的这段话，使谢军受益一辈子。假如当初没有这段话，或者是父母包办决定女儿的前途，都不会有今天的谢军，也不会有中国这位国际象棋"皇后"。

要知道，小女孩天生就不喜欢自己做决定，父母更应该有意识地给女孩创造更多做主的机会，千万不要让她成为没有主见的"小乖乖"。

女孩的大脑是用什么做成的

语言能力：女孩天生的特长

家长们总会有这样的体验：女孩总是比男孩子更善于表达自己的感情。男孩比较偏重于用自己的行为来表达自己的想法，而女孩则更喜欢用语言来表达自己的想法。相比于男孩而言，女孩更喜欢整天欢快地喊"爸爸妈妈"，而不是一个人闷在那里自顾自地玩耍。放心好了，喜欢给爸爸妈妈讲故事听的一定是个女孩，而不会是男孩。

这种差异是普遍的，更是与生俱来的。女孩拥有更好的语言表达能力，这一点毋庸置疑。

在英国，曾经有学者先后对3000对龙凤胎进行调查，试图通过比较找到使人更擅长讲话的基因。研究人员分别教这些龙凤胎识字，观察他们的语言认知能力，而女孩总是比男孩懂得更多。

他们研究的结果是：女孩比男孩更有语言天赋，这从他们两岁的时候就可以看出来。

这个现象，或许用左右脑之间的功能分区可以解释。

人的大脑分为左脑和右脑，它们分别具有不同的功能。简单地讲，左脑是负责语言和推理的，而右脑则是负责运动以及时空方位的。女孩的大脑比男孩发展得要快，而且她们更多地在使用左脑思考问题，所以女孩的左脑相对发达一些，因而语言能力也相对要好一些。

讲到这里，也许家长们就会发现：女孩与男孩的兴趣点完全不同。女孩一般比较喜欢组词、造句、猜谜语等游戏，而男孩则更喜欢搭积木、走迷宫等游戏。

等到女孩的年纪稍微大一些，家长们还可以发现：女孩的写作能力要远远强于男孩，语文成绩也比男孩要高出一截。

作文课上，老师给同学们发了一篇高年级学姐的作文，明明拿过来一看，不禁大喜，抑制不住自己的情绪对周围同学讲道："这篇文章的作者是我的二姐。"老师看了他一眼，无动于衷，对同学们说道："这篇范文写得很好，希望同学们在课下好好学习。"

明明继续坐在下面对同桌说道："回家我把这篇文章拿给我二姐看，她一定会高兴的。"

老师看到明明的表现，继续说道："同样是出生在一样的家庭，受一样的教育，语文的程度怎么会差这么多呢？明明，你要多反思反思自己，争取也能写出好文章来。"

被老师这样一说，明明的兴奋一扫而光。

其实，这位老师并没有认识到，如果让男孩也有很好的语言水平，这是一个不算宽松的要求。现在有越来越多的家长已经能够认同女孩在语言方面表现出来的优势，辩论、写作、阅读，这些都可以看作女生的强项。

形象思维，女孩略高一筹

关于文科女生和理科男生的故事，放在这里讲并不过时。

提问：同样面对一杯清水，文科女生和理科男生的反应会有什么不同呢？

文科女生：看啊，这杯水晶莹剔透，纯净无瑕，宛若一个冰清玉洁的仙子。这样地干净澄澈，让我想起了青海湖边的蓝天碧水，没有些许的杂质。这样地透明，又让我想起了红楼梦里林妹妹的那滴眼泪，水珠中裹着脂粉的香气。

理科男生：这杯水，是要蒸发的。

这个笑话所讲的，就是女孩和男孩在形象思维方面的差异。

通俗地讲，形象思维是指形象能够在大脑里动起来，而且还能够具有连续性。就好比看到草原之后，大脑中马上就可以展现出一片关于草原形象的发散联想：草原像一片毛茸茸的地毯铺在大地，草原的绿色和水彩画颜料有所不同，比颜料更加天然和淳朴，这才是形象思维的关键所在。

这样的差别，并不完全在于他们是文科生还是理科生，而在于不同的性别，对事物的想象是绝对不同的。小女孩习惯于对看到的一些美好事物浮想联翩，甚至与其他的事物一起相提并论，而男孩则不然，他们更喜欢直接、直白和直率。

高阿姨领着两个小朋友从马戏团走了出来，她分别问玲玲和壮壮："你们觉得那只猴子可爱不？"

壮壮用一句话直接收尾："那只猴子灵活敏锐。"

而玲玲的心得就很多了："那只猴子的尾巴长长的，我很担心它在钻火圈的时候会被烧到尾巴。还有它的屁股为什么会这样红，是不是以前被烧坏过呀？还有猴子的脸很像是有表情的，它的脸会动。"

看，这就是女孩。

这样的差异，还是要从大脑结构这个角度来解释。正是由于女孩的左脑要比男孩的左脑发达，所以才会在形象思维方面比男孩优越很多。

既然女孩的形象思维天生就是优势，家长是否应该想想办法，帮助女孩再开发开发？

读连环画是培养形象思维最好的方法，也是最简便的方法，因为连环画可以将故事、形象等一幕幕地加以展开。当女孩走进了连环画的世界中，她会发现书的第一页只有一个简单的场面，但是后面却可以延展出一串长长的故事。家长在使用连环画的时候，还可以让女孩先看第一幅图，然后问她："你觉得这幅图和之前看过的哪些图画相似呢？它们相似在何处？""你能不能根据这幅图画猜出后面会发生的事情，为什么呢？"通过这样的方式来提高女孩的形象思维能力。

糟糕的抽象思维

在平常的生活当中，家长们总会发现，和男孩相比，女孩会显得更"笨"一些，比如：女孩的数学成绩总是比男孩要低；女孩基本上都是"物理盲"；观察女孩如何做几何题吧，画完图之后基本上就无从下笔了。

事实上的确如此，女孩在抽象思维方面远远比不过男孩，而抽象的思维能力，是由大脑所决定的。右脑的主要功能之一就是负责抽象思维，而女孩右脑开发的程度要比男孩低很多。

女孩的抽象思维很糟糕，还体现在其他的一些方面：

1. 女孩有着较强的记忆能力，所以思维的灵活性不够，而且理解能力比较差。男孩则偏向于抽象思维，他们善于依靠概念进行进一步的判断和推理，有较强的演绎、归纳的能力，思维的灵活性要远远强于女孩。

2. 女孩更加习惯于模仿，在处理问题的时候更加细心，注重细节，但是不能很好地把握全局与部分之间的关系。而男孩们喜欢独立思考，综合分析能力较强，在处理问题的时候更加重视全局与部分之间的联系，但是对细节的注意力不够好。

3.男孩从小喜欢玩机械类的玩具，比如汽车、变形金刚之类的，喜欢摆弄物体，这就使男孩从很小就具备了较强的动手能力，喜欢自己进行设计实验，有比较高的创造力。而女孩子喜欢玩的一般就是大头娃娃、毛绒玩具这类玩具，所以她们的动手能力也比较差。

正由于如此，家长们往往陷入"女孩比男孩笨"的误区，实际上并不是谁比谁笨，而是男孩和女孩的思维方式不同。

浩浩正在帮小豆豆讲数学题目，浩浩已经讲得满头大汗了，但是小豆豆依然木木然，根本没有要开窍的迹象。在浩浩看来很简单的一道数学应用题，豆豆就是想不明白。浩浩干脆这样，写一步就问一遍豆豆："这一步看懂了吗？"要等豆豆点头，浩浩才讲下一步。

进行到第四步骤的时候，豆豆发话了："我不明白嘛，从这一步是如何跳到下一步的？"

"刚才讲上一步的时候，你不是点头明白了吗？"浩浩不耐烦了。

"是啊，上一步我明白啊，但是这一步我就不懂啦。"豆豆一脸的茫然。

"这一步就是在上一步的基础上得来的哦。"浩浩说道。

"怎么得来的？"

……

浩浩已经被豆豆整得要虚脱了，他实在不知道该如何应付这个豆豆。干脆，浩浩使尽自己的绘画才能，帮豆豆画了一幅示意图，没想到豆豆一看就明白了：

"原来这么简单，你要是早画一张图给我，那我早就明白了。"

"你……"浩浩实在是拿豆豆没有办法。

看，女孩往往是这样，她们没有更多的意识去思考、去推敲，更喜欢这样的直观，不习惯去思考。女孩天生都是如此，我们无可奈何，却又不得不遵从她们的思维方式。不要再为女孩的理科成绩不好而着急上火啦。

方位是个什么概念——模糊的空间感

空间感是个什么样的概念呢？

如何走出一座迷宫？这样的游戏实际上就是在培养孩子的空间感。但是，大多数的父母如此粗心，以至于没有意识到，这种游戏实际上是帮助孩子们树立对空间的概念。

而实际上，男孩子的空间感普遍要好于女孩，这是由他们的性别所决定的，我们没有办法加以改变。但是尽管如此，我们也要要求自己的女儿能够做到：去商店可以成功买回想要的东西而不至于走丢，如果想去某个地方玩一玩的话，能够自己顺着地图的方向找过去就最好不过了。

从前有一个女孩，她是个很优秀的人，无奈却有一个致命的毛病——她没有对于空间以及距离的感觉。这个要命的毛病使她错过了无数次机遇，每当和人约定去哪里做什么事情的时候，千万不能苛刻地要求她不迟到，她只要不要你再返回去接她过来就不错了。就因为她这个总也找不到路的毛病，人们有事都不喜欢叫上她，因为找不到路，碰不到面这样的事情对任何人都很痛苦。

空间感是如此地重要，以至于会给我们的生活带来深远的影响。然而小女孩们却恰恰在这一方面如此欠缺。她们的这种劣势在生活中表现得尤为明显，即便是年纪比较大的女孩，她们也大多会在陌生的环境中分不清方位，和男孩相比更加容易迷路。所以，女孩们不喜欢学习几何——无论是平面的还是立体的，相信家长读到这里之后就能够体谅她们了吧。

下面，推荐几个小游戏，能够让女孩提高对空间及距离的感知能力：

1. 拼图

女孩在拼图的时候往往需要将图形旋转，这样的训练有助于她们方位感的培养。当女孩大一点儿的时候就会很自然地动脑筋，思考自己手里拿的这一块是不是想要拼接的位置。拼图是一种简便易行的游戏方式，而且最容易让女孩产生成就感。在选择拼图的时候要根据女孩的年龄来选择难易程度不同的拼图，以获得最佳训练效果。

2. 积木

积木可以帮助女孩熟悉和创造出三维空间，并且可以对她们将来学习几何有帮助。积木有简单的玩法，也有复杂的玩法，那要根据女孩的具体情况来决定。对于年纪较小的女孩，父母能经常给予鼓励"宝宝能建一个高楼了"，让她们提起对于玩积木的兴趣；等她们年纪大一些之后，父母可以在纸上画一个非常简单的"图纸"，然后让她们用立体的积木来表现你所画的平面图，难度有所提升，她的空间感也会有所提升。

3. 折纸

给女孩一张纸，让她折出各种各样的形状，这样的游戏可以培养女孩的动手能力，同时在制作的过程中会逐渐感受到平面变换为立体的过程。

面对女孩，家长如何"量体裁衣"

通过前几节的分析可以得知，女孩虽然具有很强的语言能力，语文成绩也不错。但是，这并不能解决女孩在理科学习上的弱势，由于女孩在方位空间想象力、抽象思维能力等方面存在着先天的不足，可能会对于理科的学习多少造成障碍。有的女孩在做数学题的时候，甚至发现自己读不懂题目，难道是语言能力不好吗？

数学卷子发下来了，林林回到家很沮丧地对妈妈说："这道题我根本就没有看明白，如果看懂了就会做了""我把这道题的意思理解错了"。妈妈不以为然地对林林说："看看你呀，每次都是这么粗心。"

实际上，并非女孩在做题的时候不认真，而是在做题目的时候出现了阅读障碍。专家通过分析得知：男孩在做理科题目的时候，他们的大脑在快速运转，并善于把字面的意思转化为图像；而女孩喜欢一遍又一遍地读题目，仅从字面的意思去理解。有些数学题，如果仅仅通过读题目根本就找不到解题的方法，而且会越读越迷糊。但如果把题目的意思用图画表现出来，题目所要表达的意思就一目了然了。

可以举个很简单的例子：

小A有6个橘子，小B比他多了2个，小B有几个橘子？

这是很简单的一年级数学题目，而有的小女孩会一遍又一遍地读这个题目，围绕"多了"这个关键点展开思考，结果会自己把自己绕进去。

而男孩则不会在字面上较真儿，他会在草稿纸上画6个圆圈，然后再加上2个，这样很轻易就会得到答案。

越是到高年级，理科题目的"语言绕弯"现象就越严重，很多的题目难度并没有增加，只是在表述方式上绕了一下，这足以让很多女孩厘不清思路。要提高女孩的数学能力，先要改变女孩的注意点，并鼓励她用画图的方法来解决题目。通过画图，可以把很抽象的句子变成很形象的，方便思考。对于女孩来说，这是一种行之有效的学习数学的方法，对提高她们的学习成绩会有很大的帮助。

除此之外，家长还可以对女孩做一些提高抽象思维的训练。我们可以先给女孩出个题目，提问3乘以5等于多少？女孩可以回答出来等于 15 没有问题，然后再问 5 乘以 8 等于多少呢？女孩会回答出来等于 40。关键是父母可以再进一步给女孩讲述说"其实，这些数学运算可以用一个 AB=C 的公式来表示"，这个公式就是帮助女孩树立抽象概念的工具。家长可以通过这些联系告诉女孩，我们所见到的关于这个世界上的很多事物都是可以运用抽象的形式来表示的。这样的练习，就有助于帮助她们对种种的复杂现象进行组合整理，并且会形成新的概念。

全面了解女孩的成长历程

0～7 岁，塑造好女孩的关键

7 岁前的女孩，正值身体发育的时候。在这段时间内，父母最需要做到的就是让女孩快乐地成长，让她可以像朵小花一样安然绽放就好了。这时的女孩在成长过程中最需要的养料就是足够的爱，她们需要父母们的照顾和保护，如果爸爸妈妈们不能在这个时期给予孩子足够的保护，那么在她长大之后就很容易依赖父母。所以建议爸爸妈妈最好能够多抱抱她，能够多爱抚她。

还有的家长望女成凤，希望能够让女孩以最小的年龄极限接受早期教育，以期能够赢在起点。然而，这一时期的女孩最喜欢的就是自由地玩耍，父母们应该尽量地让她能够快乐地嬉戏，在她游戏的时候协助她，而不是粗暴地打断她。在游戏的过程中不断地培养女孩坚持不懈的精神以及创造力，这样可以让她将来能够变得更加聪明能干。

美国的一位儿童心理学家曾经表明，按照女孩的成长轨迹，

10～11岁时才会有理性的思维，如果我们在女孩的能力还没有达到的时候就去强迫她来理解某些事物，那无异于直接毁掉女孩对于认识世界的兴趣了。对于那些女孩现在还不懂的事物，家长们大可放心，因为她是会长大的，长大之后理解能力展开的那一天，她就可以懂得全部。

著名的教育专家孙云晓老师曾经在一本著作中讲道：

在这一教育阶段，父母们最容易犯的错误就是，试图用讲道理的方式赢得女孩的合作。

其实，如果我们试图让一个只有三四岁的小女孩接受我们所讲的那些大道理，或者听我们的告诫，这些都是违背女孩成长规律，或者说是拔苗助长的一种教育方式。因为一个刚刚学会说话的小女孩是不可能理解这些大道理的。

所以，这时候的女孩，最需要的就是玩具，足够多的玩具，玩具是女孩在成长过程中所不可缺少的。根据女孩的年龄，选择适合她们不同年龄的玩具，可以最大限度地发挥女孩的潜力。对于不同年龄的女孩，如何挑选玩具也是很有学问的。

对于一两岁的女孩，她们最适合玩拖拉玩具。

当女孩长到2周岁的时候就已经开始学习走路了，这时候的家长应该多给女孩选择一些拖拉玩具，以提高女孩对走路的兴趣。目前市场上的拖拉玩具造型丰富，并且玩具在拉动的过程中会伴有响声，这对于小孩子而言是极具吸引力的。在帮助孩子选择玩具的过程中，家长应该注意所使用的材料是否安全无毒，并观察玩具表面是否无裂痕，上膜是否光亮，是否有发霉或者是生锈的零件。

当女孩长到三四岁的时候，家长可以考虑给女孩买积木玩。这是一种普遍而常见的玩具，在选择积木的时候最好也是应该根据女孩的年龄和智力发展水平，可以先买一些块数较少的积木给女孩来玩，以后再循序渐进挑选数量多的积木。在选择积木的时候要注意观察棱边等是否有歪斜的状况。

女孩在玩积木的时候，最开始总是会照着图纸的说明来搭建，这个时候父母可以引导女孩自己发挥创建一个新的"建筑"，让女孩能够自由地发挥自己的想象。

当女孩长到了五六岁的时候，可以给她买一些小钢琴之类的玩具，启发她们对于音乐的领悟，开发智力。在帮助女孩挑选这类玩具的时候，要先试一下弹出的音调是否纯正。

此外，家长们还可以给女孩们买一些张贴画之类的玩具来玩，一方面可以培养女孩的动手能力和欣赏能力；另一方面起到开发智力的作用。

8～12岁，培养能力的最佳时期

女孩上了小学之后，开始走出自己的小家庭，并且惊喜地发现自己已经成为一个独立存在的个体。她更加热心于接触周围的新事物。外面的一切对她而言都是新鲜的。这时候的女孩渴望自己能够融入群体中来，和周围的人建立联系。

这个时候的小女孩会变得稍稍叛逆一些而不再迷信权威。当她幼小的时候，可以对父母无条件地依赖，父母在她心目中的权威是永远不会被动摇的。但是当女孩上了学，接触到了周围的人之后，她的小脑袋里被注入了更多的新思想，这使她不再相信父母是正确的了。她开始有了自己的主见，并且开始觉得即便是父母的话也不一定都是正确的。所以，问题来了，在这一时期也许父母们会觉得自己的小女儿开始变得很叛逆。

女孩天生就很注重人际关系，当女孩走出家庭，来到了另一个生活的小圈子中时，她会发现，权衡与周围人的关系很重要。每个女孩都希望能有一个"最好的朋友"，他们交朋友的规律，总是在一定时期内固定不变，但是容易在分分合合中进行。

这个时候的女孩已经长成一个半大不大的"小大人"了，父母们这时可以有意识地培养她们的一些个人能力，这对女孩是有好处的。

首先，家长应该着重培养女孩的学习能力。曾经有一份研究报告说，现在的社会已经进入了知识爆炸的时代，而女孩在学校中所学到的知识，在社会上能够用到的只占5%左右。这说明，一个优秀的女孩要想跟上社会的进程，一定要靠自己更多地学习才能得到。所以，培养良好的学习能力成为人发展的基础和必备的条件。

其次，培养女孩的动手能力也是至关重要的。培养女孩的动手能力，可以进一步激发女孩的学习兴趣，使女孩更加喜欢学习。当女孩小的时候，他们也很乐于将自己的手工作品拿出来给家长展示，以得到大人们的认可。同时，当女孩在动手的时候，她的大脑也一定会跟着思考，如何能够把手中的事情做得更好，这样的话，求知欲就会被激发出来了。

最后，要培养女孩的自理能力。现在的小女孩在家里都是娇生惯养，自理能力很差，甚至会性格孤僻暴躁，往往家长哪里照顾不周，她就会感到委屈。然而从另一个方面来说，由于现在的课业负担愈加沉重，女孩们没有时间做自己的事似乎成了顺理成章的事，家长们爱女心切，则更是把孩子的事情全都大包大揽到自己身上了。也有一些家长在观念上认为，女孩小小年纪，根本就不须要做家务。实际上，女孩的自理能力基本上就是从家庭中培养起来的。父母们不要事事都为女孩准备好，而是要帮助女孩摆脱依赖家长的想法，让女孩从小学会规划管理自己的时间、安排自己的事情，自己的东西自己收拾，等等。只要帮助女孩树立起信心之后，她们就知道自己能够做好一切了。

13～16岁，女孩长大了，父母还需要做什么

当女孩成长到这一阶段，恭喜家长，她已经不仅仅是个孩子，而是已经成为一个曼妙多姿的少女了。这个时期的女孩已经步入青春期，生理上开始了第二阶段的发育。她们迎来的是真正意义上的成长，渐渐地她们会遇到各种各样的生活选择。

随着女孩年龄的增长，也许家长们会发现，她们的管教系数也在不断增加。她们经常会与父母有很多分歧，她们常常会有自己的主见，而且讲起道理来头头是道，让人无法辩驳，家长们也许会感到很挠头。这时候的女孩可不是当初的小孩子，再想用哄骗的方式来对女孩进行教育已经不能起到丝毫的作用。而青春期时期的女孩又是极度敏感的，家长在教育的时候也要不得不小心，千万不要轻易训斥女孩，甚至是打骂女孩。这样的做法会使女孩感到自尊心严重受挫，甚至会出现意想不到的意外。

然而对于女孩的父母们来说，最不愿意面对的事实就是眼看着女儿一点点脱离自己的控制。所以父母就要有意识地让女孩成为自己手中的风筝，可以允许她自由地探视外面新奇的世界，给她属于自己的人生道路，与此同时还要心里十分清楚女孩有没有做出格的事情。高明的父母并不是要紧紧抓住风筝不让它飞，而是要紧紧握住风筝线，不让它乱飞。

任何一个女孩，她们都希望自己的爸爸妈妈能够给她们足够的理解、支持与鼓励。所以为人父母的我们还是要给女孩足够的耐心，支持她所做出的选择，鼓励她一直走下去。

兰兰从小就喜欢扮演角色，但是就在她13岁的那年，剧组在招演员的时候，她被星探相中了。跟随剧组演戏，怎么着也要两年的时间。

可是兰兰处于上学的年纪，如果去演戏的话就无法正常学习了，该怎么办呢？

这个时候，犯难的不仅仅是兰兰，更有兰兰的家人。要知道，家里只有这一个宝贝闺女，如果一步走错了，将来耽误了她的前程怎么办呢？可是，兰兰平时最喜欢的就是表演，如果她没有机会接触自己所爱好的事情，那也是不小的损失啊。

鱼和熊掌不可兼得。兰兰的妈妈觉得应该和女儿好好谈谈了，这其中的拿捏分寸，应该让女儿自己来决定。

妈妈把兰兰叫到身边，语重心长地对她说："兰兰，现在你面临着一个重大的选择，你是想继续好好上学呢？还是想放弃两年的学业去参加演出呢？妈妈想听听你的意思。"

"嗯……"小兰兰想了一下说道，"我只是喜欢扮演，但是要两年时间，太长了啊。"

妈妈从兰兰的话中听出了女儿真实的想法，于是不失时机地引导："是啊，那兰兰，我们还是继续好好念书吧，将来才会有机会碰到更好玩儿的事情呢，你说呢？"

兰兰认同地点了点头。

女孩在成长过程中需要自由的空间，如果想让女孩茁壮地成长，就一定要给她们自由的空间，而不是把她们拘泥在一个个小小的"鱼缸"之中。

在很多时候，家长过于严厉地管教，反而会扼杀女孩原本美好的本性，令孩子感到无比窒息，甚至产生长远的不利影响。

乖小孩＆怪丫头——女孩的另类成长

"现在的男孩子们说话总是细声细气的，相反班上的女孩子们却言行很粗犷泼辣，真不知道现在的孩子们都怎么了。男孩不像是男孩，女孩不像是女孩。"曾经有一位中学教师很无奈地这样讲道。

炎炎是一所重点高中的女孩，但是她从小到大从来都没有留过长头发，也从来都没有穿过裙子，俨然就是一个标准的"假小子"。而父母不觉得她这样有什么不好，反而觉得上学的时候，如果太过于打扮自己会影响学业，也就如此由她去了，从小便拿她当成男孩抚养。

而在炎炎的班级中，像她这样的"假小子"从来都不会少，虽说是女孩，但是大家的性格都是十分直爽开朗，仿佛班上的女娃都是梁山好汉，能为同伴两肋插刀。

而现在，"中性"也已经成为一个时髦的称呼，很多女孩坦言自己不喜欢那种柔柔弱弱的女孩，而是喜欢像李宇春那样的"超级女孩"。很多女孩的打扮与男生无别，一眼看上去还真分不出性别来呢。

面对这些"与众不同"的女孩子，家长们也是喜忧参半。喜的是自己的女儿能够这么放得开，不像那些扭扭捏捏的小气女孩；忧的是自己的女儿居然会像男孩子一样豪放，女孩子也忒没有女孩子样啦。

当然，每一种性格都有其优势和劣势，也不可以片面来看待，同时，父母的引导也很关键。

萱萱是个看上去很漂亮的小女孩，但是她的性格却像男孩子一样，甚至说她比男孩子的胆子都大。有一次在教室的窗台上落下了一只受伤的蝙蝠，很多男生都不敢过去碰，但是萱萱二话不说就用手把蝙蝠抓起来，还故意跑到男生那里炫耀："你们连这都怕，真胆小，还不如我呢。"

萱萱最喜欢上的就是体育课，而且她的体育成绩很好，无论是投铅球还是爬杆跳双杠，她样样在行，周围的小女孩们可羡慕她了。有一次老师教大家做前滚翻运动，萱萱一学就会，伶俐得很，然后她用后半节课的时间来教别的女孩们，俨然一个小教练，班上的女孩都喜欢她。

平时在学校里，萱萱从来不会和任何一个小女孩吵架，因为在她眼里无非都是鸡毛蒜皮的小事，不值得计较。当然了，萱萱最不喜欢的就是那些喜欢哭哭啼啼的小女孩。每当遇到老师的指责，她也从来不哭，摆出一副无所谓的态度，有时还会调皮地朝老师吐舌头。

萱萱的这种性格是这种"中性"女孩的杰出典范，她不会像那些小女孩们一样敏感爱哭，所以如果父母们的宝贝女儿是这样的孩子，不知道要省心多少呢。不仅如此，这样的女孩通常很容易交到朋友，而且会与伙伴们愉快地相处。

作为父母，如果发现自己的女孩性格上喜欢大大咧咧，那说明女孩子有很强的交往天赋。所以作为父母要鼓励她多交朋友，而且要着重培养她的交际能力，这对于她以后的发展很有好处。

父母在鼓励与女孩多交往的同时，还应该引导女孩做一个举止优雅、谈吐有度的人。

总之，面对这些个性的女孩，父母一定要摆出接受的态度，然后再进一步加以调教。

第二章

穷爸爸 OR 富爸爸——会爱的爸爸才是好爸爸

父爱的影响力就是领袖力

父爱，传递的是一种价值观

伟大的社会学家马克斯·韦伯曾经说过，父亲的爱最能使女儿成长为他所期望的样子，这与母爱有着很大的不同。对于女孩的教养，爸爸妈妈的侧重点总是有不同的，做妈妈的总是希望能够给女孩最多的爱，妈妈们总是更多地强调自己的情感。而爸爸则更多的是侧重于价值观念。能够继承父亲志向的孩子，往往会得到爸爸更多的宠爱。父爱的这种条件性，决定了女孩在成长的过程中，父亲会更加主动地传授走进社会的最简单最基本的原则。

如果说母亲代表的是自然界，那么父亲就是人类中的另一级——

思想的世界、法律和秩序的世界、阅历和冒险的世界。爸爸们所指给女孩的是通向世界的大道，爸爸们对女孩社交能力的培养起着引导和示范的作用。社交属于有影响力的人。因此，对于那些不善于表露感情的父亲来说，父爱就是一种价值观的培养和传递。

李嘉诚是香港家喻户晓的人物，他在经济王国中权高位重，在家里却是一个坚持原则的低调父亲。

李嘉诚有两个儿子，很多人认为这两个儿子将来一定要子承父业，因而必定是呼风唤雨的"太子爷"。但李嘉诚一直要求他们生活节俭、注重名誉。当两个儿子以优异的成绩从斯坦福大学毕业以后，他们想到父亲的公司里面去小试牛刀。不料父亲的回答却是"我们公司不需要你们"。李嘉诚说："就是我有20个儿子也不会给一个安排工作，你们要自己去打江山，要用事实证明你们自己有实力。"

恍然大悟的儿子离开香港去到加拿大，一个投资银行，一个开设了地产公司。他们从来没有开口向父亲寻求资助，后来都成为今天加拿大商界的精英人物。

李嘉诚的做法和生活中所常见的那些父亲们的做法实在是大相径庭：很多爸爸千般钻营，希望能够打通人脉为自己的孩子谋得一份工作，但是李嘉诚的众多公司中却容不下自己的孩子。他这样做的目的，不外乎要让孩子们懂得独立的道理，只要自己有能力，才算得上是真正有本事的人，才能从容地应对今后的生活。

不仅如此，在日常生活中，李嘉诚要求自己的孩子节俭用度、注重名誉。这种要求对于寻常人家来说不足为奇，但是对于一个商业巨子来说显然是与众不同的。但是，能这样严格地要求自己的孩子，也是难能可贵的。

"用事实证明自己的实力"，是李嘉诚对孩子们的期许。一个人，无论生在什么样的家庭，都应该能够独立、坚强，能够自己去解决问题，这就是变幻莫测的商界所必备的意识。李嘉诚白手起家，创立了自己的商业奇迹，但是他并不急于让孩子们分享自己的成功果实，而是希望孩子们先来分享自己的成功经验，因为这些是人生中最宝贵的财富。

李嘉诚在培养孩子的价值观时做到了两点：首先是有意识地培养孩子的价值观；其次是用行动来影响自己的孩子。

每一个孩子的心智都是从模仿开始的，父亲是孩子认识外面世界最为重要的窗口，父亲怎样对待失败和困难，孩子都会受到潜移默化的影响。如果父亲本身是一个言而有信、正直勇敢的人，那么孩子将很容易接纳一套正面的价值观。当孩子看到父亲为了家人的努力而工作，那么孩子的心中必然会燃起对未来美好生活的感激。这也会帮助爸爸在孩子青春叛逆时能够渡过难关，相信这样日积月累的信赖不会让女孩走上反抗家庭的极端。

但是，如果一个爸爸从来就是出尔反尔、只说不做，那就难以保证自己与孩子的感情平衡了。当孩子长大以后，就很有可能会叛逆，甚至是伤害父子的感情。因此，爸爸们要时时刻刻留意自己会给孩子带来什么样的影响，让自己能够用正面的行动来解释所有美好的品质，让孩子能够在耳濡目染的环境中成长为一个正直可信的人。

△ 爸爸在与女儿相处的时候应该注意分寸。

女儿性别意识的形成，爸爸是其直接影响者。所以，爸爸要随着女儿年龄的增长而调整与女儿的相处方式。在女儿小的时候，爸爸和女儿之间的交往可以比较密切，但是当女孩长大了之后，就应当适量保持距离，通过这样的方式来影响女孩的性别意识。

△ 爸爸心情不好的时候，切忌将不良情绪转移给女儿。

现代社会人们的工作压力都很大，爸爸们很容易将工作中产生的一些不良情绪带回家。如果大人们"不由自主"地将情绪转嫁到女儿身上，那女孩就是个无辜的受害者。因此，爸爸们要克制自己，尽量不要将不好的情绪带回家，而是为女儿创造一个宽松的家庭氛围，给女孩一个乐观的性格。

充满活力的父亲与积极外向的孩子

珍妮的父亲是德国一个公司小职员。虽说他算不上成功的男士，事业平平，却一直深刻地影响着珍妮。

父亲非常喜欢历史，他总是在家里大声地谈论历史上一些奇闻逸事，给珍妮狭小的生活空间带来了色彩。父亲经常在珍妮面前发表他的意见，甚至鼓励珍妮和他一起讨论关于世界大战的问题。镇上如果有演讲，他总是带上珍妮去听，而且大多是坐在最前面。珍妮的妈妈总是过于关心珍妮的安全，做任何事情都是谨小慎微，所以，父亲就和珍妮悄悄地商量他们的野营计划，避免母亲的担忧。第二天，当妈妈的唠叨被甩在了耳后时，珍妮高兴极了，觉得是在进行一件很保密、很刺激的事情，因此非常配合父亲的行动。

父亲总是带着珍妮去很远的地方，并且要求珍妮不带午餐，路上饿了自己想办法，而且还必须"孝敬"父亲一份食物。有时，他们在山上野炊，食物的来源都是山上的各种野味。因为有了父亲，珍妮的生活中充满了多彩的经历。

由此可见，珍妮的爸爸是一个精力充沛的男人，他的兴趣很广泛，并且极力将这一点传染给孩子。珍妮长大之后来到了中国，致力于探索这个神秘国度的伟大文化，她所做出的选择都和儿时父亲的教育密切相关，并且喜欢探索未知的领域。

爸爸们可以反思一下自己与孩子的交流，现在主要是停留在哪些方面：是天文地理无所不包呢？或者仅仅是局限在批评和接受批评上呢?

作为父亲，能在女孩面前做个好榜样是分内之事，这其中就包括了引导女孩热爱生活以及要对人生充满好奇与活力。并不是说天天与孩子们一起运动才算有活力，这里的活力指的是保持一颗热爱生活、积极进取的心。就像刚才故事中提到的珍妮的爸爸，他热爱生活，对周围的很多事物充满兴趣，同时拥有一颗年轻的心。这样不仅可以改变自己的生活，更有利于帮助女孩寻找兴趣点，同时会使父女之间建立深厚的感情。

然而遗憾的是，在现实生活中，更多的是那些"待在书房里"的父亲，他们习惯忙于自己的那一摊子事。还有一种父爱很淳朴，他们只知道给予，却不知道如何和女孩愉快地相处沟通。爸爸们的这种羞怯有时显得可爱，但是由于长期不愿意主动与孩子互动，这样难免会耽误女孩的心理发展。对一个女孩来说，如果她感受不到父亲身上的活力，那么她就不会主动提出要求和爸爸一起玩，因为她担心冷酷的爸爸会拒绝她。这样长大的女孩在今后的生活中往往不懂得如何与人相处，如何表达自己的意愿，并且缺乏自信，在生活中总会处在不利的位置。

爸爸们要注意啦，工作再忙，也要让自己保持活力，保持热爱生活的心，在女孩面前更要如此。

△ 爸爸们可以培养自己的一颗好奇心。

爸爸最好是能有一颗好奇心，好奇心可以让人感到充满活力，也可以让生活变得丰富多彩。爸爸不一定是百科全书式的爸爸，但是当他遇到什么问题的时候，就是一个与女孩讨论的好时机，让女孩感到自己是被需要的。生活虽然在日复一日中显得很平凡，但只要用心发现，就可以找到很多孩子们感兴趣的事情来研究。

△ 随时让自己的观念升级，虚心学习。

有活力的父亲应该是随时接受新知，能够虚心学习的人。有的爸爸认为，在孩子面前说"不知道"是一件很丢脸的事情，甚至有时会告诉女孩毫无根据的话，这样的做法，只会让女孩对父亲越来越失望。所以爸爸们要记得让自己随时"充电"，丰富自己的见识，才能成为女儿成长过程中的领路人。

△ 让自己和孩子一起爱上运动。

适量的运动不仅有助于女孩的骨骼发育，也非常有益于女孩的心灵发育。运动可以让人体验到紧张刺激、痛苦和超越的过程。运动的方式不一定是打球，与女孩一起去野炊也是很不错的选择。

爸爸的可信度才是影响力的基础

战国时，秦孝公起用商鞅变法图强。为了让人们相信他变法是真的，商鞅想了一个办法：他在都城南门竖起一根三丈高的木头，要是谁能把它扛到北门去，就赏金十两。但是没有人相信这是真的，自然也就没有人去扛。商鞅把赏金一直追加到五十两，终于有一天，一个壮汉把木头扛到了北门，商鞅当场赏了他五十两黄金。老百姓纷纷议论：商鞅言而有信，他的命令一定要执行。于是，商鞅变法成功，奠定了秦国富强的基础。

商鞅很清楚，如果自己说的话没有人会相信，那样变法的难度会成倍地增加。商鞅徙木而治民，父母也要言而有信，才能够赢得女孩的尊重和信赖。家庭是女孩最初的世界，父亲的威信建立，孩子才会愿意听从爸爸的建议。

然而在现实生活中，爸爸的表现却不容乐观，他们以爱孩子的名义来责问孩子的行踪，翻看孩子的日记，监听孩子的电话，这样的行为不仅仅是伤及女孩的自尊心，同时也让女孩不敢再相信爸爸的承诺。

可以想见，如果一个女孩在她小小的记忆中，深刻着的是因为父亲失信的痛苦，那么相信她也不再愿意相信别人，在将来的人生路上也很容易陷入灰暗之中。在这样的成长环境中，女孩又有什么快乐可言呢？很多女孩在年纪稍微大些之后喜欢上网找陌生人聊天，她们宁可将自己的心事说给不认识的人听，也不愿意讲给对自己来说至亲的爸爸妈妈。或许女孩会觉得，还是网友比较安全的缘故吧。

原本至亲至爱的父母竟然比不上陌生的网友，女孩宁愿是在外面游荡，也不愿意回家和父母待在一起，这样的现象早已经不是新闻。

信任是相互的，只有爸爸充分相信自己的女孩，女孩才会相信自己的父母，相互之间才能开始真正平等有效地沟通。如果爸爸总是不信任女孩，或者是对女孩言而无信，这样不仅干涉了女孩的健康成长，更会直接导致女孩对父母的不信任，加剧爸爸与女儿之间的不理解，没有互动，教育也将无从谈起。

爸爸们要注意了，为了避免失信于女孩，在日常的生活中一定要言行一致，尤其是不要轻易地许诺女孩，也不要对女孩的建议敷衍表态。另外，千万不要在女孩面前说谎，如果爸爸妈妈们当着孩子的面欺骗别人，那女孩将会开始怀疑爸爸妈妈是否在欺骗自己。

△ 不要在高兴的时候随意向女孩许诺。

中国有句古话讲"盛喜中勿许人物，盛怒中勿答人书"，说的就是这个道理。当一个人兴致高涨的时候，往往会信口开河。可是说出去的话就像泼出去的水，没有办法再收回来。等到头脑清醒之后再后悔就晚了。所以，爸爸们为了确保自己可以万无一失，每当自己很高兴的时候千万不要随便答应女孩的要求，以免事后会后悔。

△ 不要让女儿对自己留下坏印象。

"喂，他说他不在。"这句小品台词固然搞笑，但揭示的却是一个说谎不眨眼的事实。如果爸爸经常当着女孩的面在电话中同人撒谎，那我们在女孩心目中的形象还能不能高大起来呢？

爸爸的小成功与大作用

生活中有很多种明星，有政治明星，有体育明星，有厨艺明星，有娱乐明星。如果说爸爸是一个事业的话，那么爸爸中也有"明星"，比如说蔡笑晚。

蔡笑晚是生活中的普通人，也是一位父亲，在他亲手栽培的6个孩子中，居然有5个博士和1个硕士，引起轰动。后来蔡笑晚先生写了一本书——《我的事业是父亲》，这本书的走红使他被誉为"博士之父"。在蔡笑晚看来，这个头衔并不亚于"微软之父""电车之父"。

蔡笑晚从来没有妄想过自己会成为一个如此成功的父亲，也没有特别地研究过关于教育子女的著作书籍。那么，这些个取得卓越成功的孩子，他是如何教出来的呢？

蔡笑晚说他在年轻的时候只想当一名科学家，但是在当时由于出身的问题，他被迫来到农村。眼看着自己一生要守在农村，也很难再有好的环境做出一番作为。当他有了自己的孩子之后，他将希望寄托在孩子身上，并且将自己的名字改成"笑晚"，勉励自己既然不能在年轻的时候开怀畅笑，那就自己笑到最后吧。对子女的期待是他唯一的安慰。

蔡笑晚家是当时最穷最底层的家庭，但是他很注重早期教育，他教出的孩子们在4岁之后就已经可以做四位数的算术题，个个都对学习有着浓厚的兴趣。很多孩子也都像父亲当年一样立志要当个科学家。

"要想当一个好父亲，光有志气和热血是不够的，身教远远重于言传，所以我这个父亲还是孩子的榜样。他们在学习，我也在学习，我们一起学习相对论、高等数学、中西医……另外，我从来都不会打骂孩子，家里的气氛很活泼。我的家里当时只有32平方米，但是我还是装了一个舞厅用的旋转灯，来办家庭舞会。我和妻子两个人自己研究地理，自己设计旅游路线，带着年幼的孩子们走遍了关内关外，大江南北。"

蔡笑晚年轻的时候没有机会实现自己的理想，但是却悉心来栽培孩子们。如今，他的大学同学中有的当了官，有的是大老板，但是大家都说最羡慕的还是蔡笑晚——父母最大的安慰还是儿女们有出息。

一个人事业上再成功，如果不能培养出一个令自己满意的孩子，总会觉得有所遗憾。而一个没有被教育好的孩子，不仅是爸爸们的痛处，将来走上社会也必然会成为社会的短板。培养对社会有用的人，是父亲对家庭的责任、对社会的责任，是对自己最大的安慰。

在日本，常常会听到"亲子"这个词汇。"亲子"是日语，翻译成中文就是父母与孩子。无论是在幼儿园还是社区，以"亲子"为中心的各种活动很常见。特别是运动会，一般的学校或幼儿园，都会让父母和孩子一起参加项目。而父母也会积极地配合参加，他们普遍认为，这样既可以提高孩子参加体育运动的兴趣，也可以增进父母与孩子之间的感情交流。

不得不承认，现在有很多国家都比我们更加重视教育。如今快节奏的生活让爸爸们很难分出更多的精力来照顾孩子。爸爸的那片慈爱被忙碌的工作夺走，孩子们无法感受到爸爸的那种充满温情的疼爱。在中国，"留守儿童"已经成为越来越多人所关注的话题。

孩子的成功是简单的，只要我们再多用点心，你教她什么，她就是什么。爸爸们千万不要只认为工作才是自己的事业，实际上，教育才是自己最大的事业。

△ 爸爸要学会经常鼓励女孩。

"良言一句三冬暖，恶语伤人六月寒"，这句话并非社交中的箴言，也是教育中必守的信条。鼓励的语言好比春天般的温暖，女孩都有一颗小小的稚嫩的敏锐的心，鼓励对她们来说尤为重要。让她感受到爱的力量，相信她会做得更好。

△ 抓住时机教育女孩。

爸爸最好是做个生活中的有心人，抓住时机来教育女孩往往能起到事半功倍的效果。比如说，如果爸爸总是给女孩讲尊老爱幼的故事，不如通过实际行动——比如在车上给老人让座——这样的教育来得生动而印象深刻。抓住生活中的细节，就具体发生的事件进行教育往往能够让女孩感到更有教育意义。

超级老爸的教养手腕

不用权威来管制女孩

玲玲今年已经 4 岁了，可以自己料理基本的生活，学会了自己的事情自己做。旁边的邻居阿姨看见她就要夸奖一番："玲玲越长大越乖巧了。"

只有玲玲的爸爸感到无奈：女儿大一岁，脾气也跟着变大了。在家里，玲玲总是喜欢和爸爸对着干。爸爸说吃饭吧，玲玲偏说不饿，要看动画片；爸爸说该睡觉了，玲玲又闹着说自己饿了。唉！不听话的孩子实在是不好对付。

是不是很多家长也都有过类似的经历呢？女孩不听话，这是最令家长感到头痛的问题。

有的父亲脾气比较急躁，看到女孩发脾气了，自己的脾气也跟着上来了：我是家长，难道还压不过一个小毛孩子吗？情急之下，束手无策的家长只好用连哄带吓的方法来对付女孩。

"我吃的盐比你吃的米都多，难道我会错？"

"你要是再不听话，我就把你扔出去，不要你了。"

"这个孩子简直太不像话了，我一定要好好揍她一顿，要不以后没法教她了。"

但是很少有爸爸会冷静地想一下：女孩出现这样的现象，原因在哪里？

中国科学院心理研究所的副研究员周林认为：当女孩年纪还小的时候，家长对待她应该像对待朋友一样，她的心中并不会有服从威严这样的概念啊。等到女孩长大之后，对事物有了自己的认识，同时有了自主的行为意识，有的家长会不许她做这个，不许她做那个，只允许她乖乖的。时间长了，这样的做法起不到任何积极的作用，只会带来更多不好的结果。女孩变得不服气了，凭什么管我这么多呢？所以，就喜欢和家长对着干，就不想听爸爸妈妈的话了。

更有的家长最喜欢管孩子，因为太专注管孩子，反而忘记了审查自己。

"莎莎，厨房里的碗是不是你打碎的？还是妹妹打碎的？"刚回家的妈妈问道。

"一定是爸爸打碎的。"莎莎不假思索地回答。

"你这么肯定吗？为什么？"妈妈问道。

"因为爸爸没有大喊大叫，也没有罚我和妹妹站墙角，所以是他自己打碎的。"聪明的莎莎帮妈妈分析。

很多父亲在教育女孩的过程中都犯有这样的毛病：他们管孩子管得太多了，太严格了，让孩子受不了啦。

"威严"和"权威"是两个不同的概念。每一个家长固然有权利来教育孩子，但是如果家长把这看作自己的权威，不能平等地来看待女孩，认为自己说什么都是对的，孩子有所反驳就是不应该的，这是教育的误区。

家长应该给孩子一定的自由，不要动不动就说女孩这个做得不好，那个做得不对。不要总是想着用家长的权威来压住孩子，不能想着用自己的气势来使孩子信服，而是应该给女孩讲清楚道理，让她心服口服。

对于天生就比较胆小的女孩来说，父亲的发怒或许会让她暂时变得乖起来，从表面上看，女孩似乎变得顺从了。但是这种滥用威严的方式多少都会伤害女孩的自尊心，甚至会使女孩的性格变得扭曲。而一个父亲如果能够把握好威严的度，那就会使女孩发自内心地敬畏自己的爸爸。成功的家长，不可以随随便便地老把"权威"拿出来对付孩子，而是要善于恰到好处地彰显自己的威严，能够使女孩认可你的威严。

爸爸要如何做，才能让女孩对自己的教育心服口服呢？

△家长的身份是教育者，加强修养很关键。

有些为人父者自身的素质确实不高，在日常生活中无论对人对事都是一嘴粗话，甚至是大打出手。这样的爸爸，很难在女孩心中留下光辉形象。修养的含义很广，有很多延伸的意义，比如：父亲是不是要言行一致，如果对女孩说"不可以浪费水"，但是在家里很节约，到了公共场所就很浪费，那会在女孩心中留下什么印象呢？父亲说话要不要讲信用，如果总是对女孩说，等爸爸有钱了，就给你买一件漂亮的连衣裙，结果这个许诺迟迟不能兑现，女孩也不知道爸爸什么时候才能有钱，那父亲的威信在孩子的心中不就很自然地摇摇欲坠了吗？

△坚持学习，提高自身的文化素养。

如今的社会处在信息爆炸的时代，如果还没有"活到老，学到老"的观念，那注定是要落伍的。家长应该有意识地让自己多学习、多充电，与女孩一起共同成长进步。如果家长自己不学习，就无法与女孩共同提高，到时候女孩会嫌自己的爸爸"什么都不懂"，造成价值观的严重脱节。如果是一个能力强的爸爸，不仅工作出色，同时能够把家庭布置得井井有条，相信每一个女孩都会因为自己有一个优秀的爸爸而自豪。

△提高自己的教育艺术。

教育就是一门艺术，一个懂得教育女孩的父亲，才能换来孩子的心悦诚服。一个懂得教育的父亲应该懂得，要想得到孩子的尊敬，先要懂得尊重孩子；孩子最需要的是和父母的交流，而不是说教；任何一个孩子（尤其是女孩）都需要一定的私密空间，作为家长我们不必了解到无孔不入的境地。总之，对待一个女孩，爸爸在教育的过程中应该遵循爱而不娇惯，威而不严厉的原则。

不要把"忙"当作忽略孩子的借口

现在有越来越多的爸爸妈妈同时走出家庭外出工作，将女孩一个人留守在家中。不要说平时抽时间相聚在一起，或者是一起娱乐，就连在一起共进晚餐的时间都屈指可数。有的时候，女孩会抱怨爸爸不陪她，而忙碌的爸爸哪里还有精力想这些呢？只好敷衍女儿说："乖乖，爸爸今天已经很累了。等爸爸有时间再陪你玩吧。"

"你要到什么时候才能有时间？"当听到女儿这样问时，可想而知，她的心中是多么落寞啊。

而现在的实际状况是：忙的不仅仅是父母，就连女孩们也有一大堆自己要忙的事情。望女成凤的爸爸妈妈帮孩子报了一堆辅导提高的培训班：什么书法班啦、舞蹈班啦、英语口语班啦，等等。如果等以后孩子上学了，一定还要报个学习提高班。这下好了，女孩们再也没有时间感到落寞了，因为她们自己也有忙不完的事情。

父母和孩子，各忙各的，看上去很和谐，互不干扰。然而，这样好吗？

萌萌的爸爸平时是一个大忙人，几乎没有时间和她在一起。

在萌萌的心中，爸爸就是一个提着公文包忙进忙出的人。她希望周末能够和爸爸一起去动物园或者是植物园，不想再一个人去上口语班了。但是爸爸周五晚上接到一个电话，表情严肃地交谈了几句之后，开始犹豫要不要陪她了。

在爸爸犹豫的时候，萌萌感到担忧：

"他不能马上答应我，一定是在犹豫，这一次还是不行吗？"

当听到爸爸说"这一次爸爸有工作要做，……下一次……"的时候，萌萌心中既失望又委屈。

"在爸爸眼中，永远都是工作最重要。"

"他之前也说过'下一次'的，根本就不算数。"

"我再也不会相信他的话了。"

"讨厌爸爸。"……

这些缺少大人们陪伴的孩子被称为"感情饥渴"的孩子。

每个孩子都希望得到父母的关注，尤其是女孩，她们更希望能够得到父母多一些的陪伴。世界卫生组织曾经发布过一项研究成果：平均每天能够与父母共处两个小时以上的孩子，要比其他的孩子智商高。父亲不管多忙，都要抽时间陪陪女孩，这样做的目的是为了满足女孩成长过程中的情感需求，只有这样做才能培养出人格更健全的完美女孩。

在养育女孩的过程中，爸爸不仅是个"经济赞助商"，而且还要做女孩的"心理陪护"。父亲的陪伴将对女孩性格的形成以及生活习惯的养成都具有很重要的作用。

女孩对父母的情感需求是有规律可循的，从最开始的寸步不离到后来的不胜其烦，总是会有这样一个过程。而父母一旦错过了女孩最需要陪伴的时期，如果希望将来再弥补，那将会感到事倍功半。

在这一方面，我们不妨向马克思学习。

在马克思的家庭里，父母和女儿的关系真挚融洽，充满了人生的乐趣。在孩子们还很小时，马克思常利用工作的闲暇和孩子们一起做各种游戏。

孩子们兴致勃勃地把椅子摆成"马车"，然后把父亲"套"在车前，孩子们挥舞着"鞭子"，"车"上"车"下一片欢腾。

"爸爸是一匹好马"，这是女儿们对父亲的评价。

在马克思家里，星期日是属于女儿们的。

每逢星期天，即使再忙，马克思也总是放下紧张繁忙的工作，听孩子们"指挥"。他带着孩子们出去尽兴而愉快地游玩，让孩子们接受大自然的熏陶，既增长他们的见识，又锻炼他们的意志和体魄。

一次，恩格斯来到马克思的家里，见他正在聚精会神地伏案工作，便赶忙提醒他说："喂，你忘了今天是什么日子吗？"

马克思一听，愣了一下，拍了拍脑门，微笑着说："啊，对了，今天是星期日，星期日应该属于孩子！"

于是，马克思放下工作，和恩格斯一起，有说有笑、高高兴兴地领着孩子出去郊游了。

马克思的女儿们永远不会忘记，她们和父亲一起度过的那些愉快的星期日，这些美好的星期日，成为她们记忆中最快乐的日子。

作为父亲，我们可以从马克思的做法中得到一些启示，无论自己平时有多忙，一定要固定抽出一些时间跟女孩在一起，陪伴她成长，让她能够感觉到，自己是多么在意并关注她。

△建立家庭"餐桌文化"。

早在20世纪80年代，美国有一家教育机构中的研究人员发现，一家人如果能够经常聚在一起吃饭，将对孩子的健康和成功有很大的益处。而且，那些经常和父母聚餐的孩子比不经常和父母聚餐的孩子相比，将来更容易走向成功。

父亲如果实在是很忙的话，那最好也要抓住和孩子一起吃饭的机会和孩子进行沟通交流。利用这个时间，询问一下女儿最近生活的状况，并且把自己生活的情况向女儿做个详细的介绍，或者是轻松幽默地聊聊天，谈谈自己小时候的生活。总之，尽量陪女儿快乐地度过这段时光。

△和女孩进行"书信沟通"。

父亲能够与女儿共处的时间越来越少了，他们一早就要出门上班，晚上披星戴月回到家的时候，女儿早已经沉沉地睡去了。怎么办呢？父亲可以把自己要说的话写在一张纸条上，等到女孩早上醒来看到时，她的内心一定很开心，还可以根据父亲写的信再回一封信。这样，不能经常见面的父女之间可以通过这样的方式保持连贯的沟通，不但可以增进父女之间的情感，还可以在一定程度上丰富女孩的写作水平。这样一种无声的教育或许能够胜过妈妈的唠叨呢。

△重视精神上的"陪"。

任何人都代替不了父母与女孩的相处。要培养一个情商完美的女孩，如果没有精神上的"陪"是很难达到的。对于一个女孩来讲，陪她玩比给她买礼物会更加令她感到高兴。我们在陪女孩的时候，更要留心女儿的精神世界，留意她小小的内心都在想些什么，探探她最近都在做些什么，观察她喜欢读什么样的书。看到自己的女孩在一天一天地成长，能不从心里感到高兴吗？

永远不要对女孩进行体罚

不论是有时间的爸爸，抑或是忙碌的爸爸，都会遇到女孩犯错误的情况——无论这种错误是有心的还是无心的。所有的女孩都喜欢任何方式的奖励，无论是口头表扬还是物质奖励；同样地，女孩不喜欢被惩罚，任何形式的惩罚都不喜欢。但是就是有一些气急败坏的爸爸喜欢用一些方式来惩罚女孩，比如说不让女孩吃饭，甚至有的家长会打女孩，为的就是能够让她记住教训。惩罚女孩是有学问的，如果惩罚的方式不恰当，那将会费力不讨好。

在对待孩子的奖惩上，日本教育家多湖辉有自己的看法。他认为，孩子会在被批评的过程中，学会辨别是非，学会区分哪些事情是好的、哪些事情是坏的。因此，家长要学会既能帮助孩子改正缺点，又不伤害孩子的自尊心。

批评教育女孩，应该保持冷静的态度，向她讲道理，以理服人，而且自己的立场也要始终如一。另外，在对女孩进行批评教育的时候也要方法得当，讲究分寸。

多湖辉曾因不满学校的严格管理，做出了伙同他人一起破坏学校部分校舍的荒唐之举。学校的规章制度非常严格，所以他已做好了退学的思想准备。而校长却把他们召到校长室，流着眼泪说了下面的一段话："太令人遗憾了。我现在什么也不说，想必你们也在反省自己吧？希望你们能再一次反思一下自己所做的事情。"校长宽宏大量的批评，深深地刺激了学生们，使他们进行深刻的自我反省。因此，采用什么样的批评方式非常重要，它既能使孩子的才能得到提高，反过来也能使之下降。

多湖辉一直主张："批评时要正襟危坐。"进行重要的谈话时，任何人都要端正姿势，创造一种严肃的气氛。而且，不是单方面地命令别人如何去做，而要采取一种理解对方的立场、倾听对方意见的具有包容性的态度。不论做了多么荒唐的事情，都应该有其原因。问清这些原因并予以理解是能让孩子接受批评的先决条件。

可见，对待女孩的错误，粗暴地进行惩罚是多么不妥。如果万一惩罚得过于严厉，更有可能在女孩心中留下阴影，她可能会觉得爸爸不是世界上最亲近的人，而是世界上最可怕的人。父亲在惩罚女孩的时候，最需要把握在心中的两个字就是"冷静"。即便女孩犯了很大的错误，最好也要态度柔和地来和女孩说，因为如果父亲的语气太重了，往往女孩的注意力并不是集中在反思自己的错误上，而是为爸爸的严厉而难过。

但如何才能做到这一点呢？

△培养女孩的羞耻心。

小女孩对于赞扬是敏感的，她们甚至在幼年的时候就对周围的环境很敏感。她们往往会这样觉得，自己能被别人表扬，是一种莫大的快乐，尤其是被爸爸表扬。所以，当父亲们看到女孩有好的行为，就应该及时地给予赞扬；如果女孩有不好的行为，作为父亲，可以用比较冷淡的态度来对待她，让她能够有所警觉和反思，而并不是用打和骂的方法。这样教育女孩，会使她更加懂得自尊自爱，同时还使她具备一定的羞耻心。

其实，如果经常频繁地使用威吓或是打骂的方式来对待女孩，那时间久了之后，女孩就对打骂感到习以为常，觉得挨顿批评，或是挨顿打都是家常便饭，这极不利于她们自尊心的培养。所以，如果不是万不得已，千万不要轻易用打的方式来惩罚女孩。

△避免当众惩罚女孩。

如果女孩是在公共场合犯了错误，家长要千万记住不可以在大庭广众之下对女孩进行教训或者是惩罚。因为在公共场合处罚孩子既不符合礼仪规范，更重要的是会严重伤害孩子的自尊心。所以，如果女孩在众人之前做错了什么，也一定要等到回家之后再对女孩进行点评，给她讲清楚错在哪里。

指定家规，规范女儿的行为

"爸爸妈妈，你们实在是专制。为什么我一定要听你们的呢？你们什么时候能听我一回？"从女儿的抱怨声中，相信聪明的爸爸能听出个所以然来了吧。

女儿争论的重点是，这样是否做到公平合理？

爸爸在这个时候不妨将计就计："好啊，那我们一起制定一个家庭规范吧，大家共同遵守。"

中国历史上，基本上大的家族都有治家规范，代代相传，还有很多流传到了今天。现在流传最广泛的有《朱子治家格言》《颜氏家训》《格言联璧》等，这些家规中有很多做人的道理，成为人们喜爱的修身读物。

现在的家庭都是小家庭，父母制定家规的目的和古代有所不同。古代的家规对人的要求比较严格，以希望一个繁盛的家族能够长久的绵延下去。而现在的家规，只是个规则，明确各自的角色任务，大人小孩共同遵守。

如果家长打算在家庭中制定一个家规，那么恭喜：您的家庭已经完成了从父母制到民主制的转变。

在父母制的家庭中，家里的一切无论巨细，都是由父母说了算；

但是，在民主制的家庭中，治家规范是建立在尊重每个家庭成员的权利和义务的基础上的，在制定家庭规范的时候，每个家庭成员都有权利来表述自己的意见，当然要明确的是，并非说每个成员的权利和义务都是一样的。

当女孩在年纪还小的时候，她的自我控制能力比较弱，有很多坏习惯不能在短时间内改正过来。为了纠正女孩的坏习惯，父亲可以考虑制定一些家庭规范，使孩子的行为有所约束。

凌凌有个坏习惯，她每次从卫生间出来之后总是不能做到随手关灯。为了她的这个坏毛病，妈妈不知道说了她多少次，但是凌凌总是记不住。

"凌凌，你的灯又忘记关了，这次妈妈替你关上啦。"

"凌凌，说了多少次你就是记不住，你自己过来把灯关掉。"

时间一长，妈妈说的话似乎成了耳旁风，一点作用也没有，而凌凌这个坏习惯还是保留着。

爸爸注意到了这个现象，对妈妈说："你说破了嘴皮，她没有动静。这样，她的坏习惯还是改不了啊。不行，要想想办法。"

当天晚上，爸爸对凌凌说："我们准备一起制定一个家庭规范，你觉得爸爸妈妈有哪些缺点需要改，可以写在规范上，我们改；然后，你的缺点我们提出来，你也改。我们一起进步，好不好？"

凌凌一听："妈妈太唠叨了，是要制定一个规范。"

爸爸说："如果你不犯错误的话，妈妈怎么会说你呢？谁叫你总是忘记关灯呢？你觉得自己做得对吗？"

"嗯……不是特别对。"凌凌说道。

"是根本就不对。给你定个规范吧，以后不可以忘记关灯。行不行？"

"好。"凌凌答应了，"以后我随手关上就好了。"

对于女孩常犯的那些"不拘小节"的坏习惯，用制定家规的方法最好不过，这种无言的约束一方面让女孩常常有意识去遵守；另一方面也避免了女孩经常挨批评。

在制定家规的时候，还有一些需要注意的地方：

△让女孩理解制定家规的目的。

为什么要制定家规？以前从来没有过的。也许，有一天爸爸对女孩说"我们制定一个家庭规范吧"，女孩会感到匪夷所思："爸爸怎么一下子变成这个样子啦？"所以，爸爸要把制定家规的原因和想法对女孩说清楚，然后说说制定家规能够对女孩有什么样的帮助，然后再讲清楚家规的内容都有哪些，最后征求一下女孩的意见："你觉得这样的做法有没有必要？"当然了，如果爸爸在前面几个步骤讲述得很清楚的话，多数女孩会表示赞同且愿意尝试的。

△实施家规的家庭环境是温暖的。

如果一个人具有某些心理问题，那么这个问题一定是在童年时期就埋下了伏笔。可见，如果家长不能为孩子营造一个良好的家庭环境，那么将为孩子日后的成长造成很多的不利因素。给女孩制定家规的目的，就是让她从小明了是非曲直，以免误入歧途。但是在制定家规的时候，应该让女孩能够感受到这是缘于父母的爱心，要让孩子们更有安全感，切忌让女孩产生抵触心理，觉得父母不爱她了。

△家规要制定得尽量简单。

家长制定的家规要尽量简短扼要，一般来讲一段时间内三条左右比较合适，太多了并不利于孩子在短时期内集中精力改正一种错误。所以，只制定三两条，利于女孩把规则都记在心里。

有一个爸爸为女儿制定了"每天只能吃两块蛋糕"和"睡觉之前

一定把当天的作业都写完"的规则。这样简单的家规，女孩很容易记住，而且还有利于她养成良好的学习习惯，也使她的饮食更加科学。如果某天女孩没有按时完成作业，这个时候爸爸就可以惩罚她"明天一块蛋糕都不可以吃了"。

△家规教育应该坚持起来，长期不懈。

家长在对女孩进行家规教育的时候，不能"三天打鱼，两天晒网"，今天想起来了就对女孩教育一些，明天因为杂事太多就忘记了。更有的爸爸，当情绪好的时候就会纵容女孩，而情绪不好的时候就会找个理由把女孩教育一下，这是教育中的大忌。家规教育具有持久性的特点，教育也是一项事业，贵在坚持。

不要对女孩百依百顺

一般人常言：女儿总是和爸爸的关系更加亲密一些。在现实生活中也的确如此，绝大部分的女儿都和爸爸的关系更好一些。为什么女孩子都喜欢爸爸呢？

"我喜欢和爸爸一起出去买东西，只有这样我才能得到想要的东西。如果和妈妈出去，她总是嫌贵不给我买。"

"我喜欢和爸爸一块玩儿，他喜欢让着我。"

"妈妈总是喜欢教训我，说话又这么唠叨。爸爸才不是，而且还会讲笑话给我听。"

现在的爸爸每天外出工作都很辛苦，甚至可以说是披星戴月。晚上回到家的时候发现女儿早就睡过去了，想和女儿说句话都那么不容易，心里不免多少有些亏欠感，所以和母亲相比，父亲更容易溺爱女孩。这些爸爸们只好用节假日的时间来弥补对女儿的亏欠："走吧，爸爸带你去吃好吃的东西。"

爸爸们有时会去女儿的房间："让爸爸给你削个苹果吧。"

爸爸们出差回来一定不会忘记给女孩带礼物："这个是给你的，喜欢吗？"

莎莎的爸爸是一个忙碌的公司职员，由于工作的原因，他不能时时在家里照顾莎莎，心里总感到对不住孩子。尽管如此，爸爸对莎莎的教育很上心，积极地为孩子联络辅导班，在工作比较清闲的时候还会按时接送孩子。如果周末有时间在家的话，爸爸一定会按照营养搭配的食谱来给莎莎做饭，保证她的身体健康。

然而莎莎并没有感到爸爸是多么辛苦，在她看来，爸爸所付出的一切都是理所应当的。如果是哪一次她觉得爸爸做的不合她的要求，就会委屈地掉眼泪，有的时候还会和爸爸怄气。

不论是出于补偿心理，还是出于对孩子的爱，莎莎的爸爸对莎莎的关心绝对达到了溺爱的程度。这样的心情可以理解，但是这样的做法是不明智的。

家长溺爱孩子，为的是让她能够生活得更加幸福，但是一个孩子能在父母的照顾下成长多久呢？早晚有一天，她要去走上社会，她要面对很多比她更加强大的人，一起应聘、一起工作、一起生活，到那时她要如何应对种种的困难？

也有的爸爸会说，唉，能让她多享一天福就多舒服一天吧。正因为这些爸爸知道自己不能保护女儿的一生，就越发对女儿百依百顺。这样的爸爸可以说是不负责任的，因为他根本就没有为女儿的长远发展做任何打算，并且让女孩错失了很多学习和成长的机会，最后这样一个脆弱得像玻璃一样的小孩被抛向了社会，那女儿的未来将会怎样呢？

任何一个孩子，都是需要经过挫折才能健康成长的，过分溺爱，将会让她养成不好的生活习惯和性格。

被溺爱的女孩很难遵守规矩，也不会懂得自我约束，就好像规矩都是给别人制定的，和自己无关。由于凡事都由家长来包办，女孩往往会有太多的优越感，做事不免会眼高手低，也不善于与人相处。当受到别人的帮助的时候，这些在溺爱中长成的孩子也不懂得如何感恩，反而觉得是理所应当。当她们在成长的过程中看到比自己优秀的人时，不仅不会向别人学习、替别人高兴，还会产生沮丧、嫉妒和消极情绪。

在一家家庭咨询处的会客厅里，有一位父亲在面对专家时显得忧心忡忡。

专家问，当你的女儿第一次系鞋带的时候打了个死结，你是不是不再给她买有鞋带的鞋子？孩子第一次洗碗的时候，弄湿了衣服，你是不是不再让她走近洗碗池？孩子第一次整理自己的床铺，整整用了1个小时，你嫌她笨手笨脚，对吗？孩子大学毕业去找工作，你又动用了自己的关系和权力？

所有这些的答案都是"是的"，这位父亲惊愕了，从椅子上站起来，凑近了专家说：你怎么知道的？

专家说，从那根鞋带知道的。大人问，以后我该怎么办？专家说，当你的女儿生病的时候，你最好带她去医院；她要结婚的时候，你最好给她准备好房子；她没有钱时，你最好给她送钱去。这是你今后最好的选择，别的，我也无能为力。

在这则故事中的父亲，就是用自己的爱，为女孩埋下了一个温柔的陷阱。由于父亲为女孩包办了一切，以至于剥夺了女孩犯错误和改正错误的机会，孩子也就失去了长成大人的权利。当她在日后的生活中遇到一些不如意的事情时，除了求救于爸爸，剩下的就只有暗自叹息了。

父亲不是赖以依靠的人，而是使依靠成为不必要的人。

△不要给女孩过多的特殊待遇。

如果家长习惯于时时处处都给女孩特殊的照顾，无论有什么样的好东西都会给孩子留着的话，会让孩子觉得自己在家里的地位高人一等，时间长了之后会自我感觉特殊，习惯于高高在上。不仅如此，对于女孩的要求家长也要谨慎考虑再答应她，不能说她想要得到什么就给什么。有的爸爸不舍得看到女孩哭闹的样子，因此会对女孩百依百顺。殊不知，这样做的后果就是孩子会攻城略地，而家长却是节节败退。浪费金钱不说，还会助长女孩过分讲究的坏毛病。

△不要当众袒护女孩。

有一种家长对自己的孩子过分信任，当自己的孩子和外面的小朋友发生争执的时候，从感情上总是偏袒自己的孩子，有时忘记了深究孩子是否也有做得不对的地方。如果在家庭中，爸爸总是扮演这样的角色，那小女孩会暗自窃喜找到了自己的"保护伞"，无论发生什么事情，只要往爸爸身后一躲就好了。这样下来，很可能造成女孩的是非观念混淆，甚至会影响到家庭的和睦。

多一些拥抱会让女孩更快乐

当女孩出生的时候，细心的家长恐怕会发现一个问题：她似乎不太喜欢安分地躺在自己的小床上一个人玩耍。当妈妈把她抱上婴儿床转身离开的时候，她就会哭闹不止，直到妈妈跑过来哄她。难怪有的时候家长们会说自己的女儿：

"她知道欺负人呢，只要看我闲下来，就会哭闹着让我过来哄她。"

"这个小家伙，居然懂得找人陪她说话呢。"

这就是女孩的天性，她对于接触的感觉要比男孩敏感得多，幼小的女孩通常是以感受父母的拥抱来确认自己在他们心中的重要性。所以，多给女孩一些拥抱，她会生活得更加愉快。

小女孩波波在刚生下来的时候似乎不太受到爸爸妈妈的重视，在她很小的时候，妈妈就经常把她放在床上自己干活去了。波波起初会大哭大闹，但是妈妈对此不理不睬，任凭波波在床上"哭天抢地"。时间久了之后，波波果然不喜欢哭闹了，而且对周围的事物反应比较迟钝，有的时候爸爸过来逗逗她，她也没有什么反应。波波逐渐大了一些，但是她似乎不喜欢爸爸妈妈，也不喜欢听她们说话，也不喜欢笑，就自己一个人默默地坐在那里玩耍。这个时候波波的爸爸看出问题的严重性了："这个孩子看上去呆呆的，会不会有些智障呢？"

　　波波被带到了医院，医生根据观察她的病情得出结论，波波所患的是一种"皮肤饥渴症"，因为她从小得不到父母的爱抚与亲昵，导致她的发育不好，并且阻碍了智力的发展。

　　爸爸妈妈万万没有想到抱抱孩子能对孩子的发展有如此大的作用。而事实上，拥抱孩子能比语言更好地传达给父母想要表达的疼爱之情。一个经常接受父母拥抱的女孩，总是会比其他的女孩更加活泼开朗。不要小看拥抱，这种身体的拥抱激活了女孩大脑思维细胞的基因链，让她的每一种生命功能都能发挥到最大限度。

　　爱自己的女儿，就多给她一些拥抱吧。

　　不过，对于拥抱这个话题，爸爸们难免会感到犯难：我家是个女孩啊。如果说让妈妈抱她，这还可以。我是爸爸，怎么方便抱她呢？况且，以后女孩大了之后尤其是到了青春期，身体上会发生巨大的变化，这个时候爸爸还怎么抱女孩呢？

　　当女孩青春期来临的时候，可能会为第一次的月经而感到惊慌失措，会为身体各方面的变化而产生羞耻感，这个时候，爸爸的拥抱是女孩最有效的安慰剂。小女孩们能够从温暖的拥抱中找到勇气，不再惊恐不安。女孩在成长的过程中同样需要父亲的拥抱。

△和女婴保持每天 15 分钟的身体接触。

在女孩出生两年之内，每天和女婴保持 15 分钟的身体接触，将会使父母在未来的生活中与子女的交流更加融洽。在父亲温暖的怀抱中，女孩体会到的是温馨。

△长大了的女孩同样需要拥抱。

孩子长大之后，家长可能会忽视和孩子进行拥抱，一方面觉得她已经长大了，不像小时候那样需要哄着；另一方面是因为家长总是想要显示自己的权威，爸爸可能会觉得如果和女孩拥抱的话会让自己不再威严。其实这种观点是错误的，大一些的女孩同样需要父母的拥抱。

拥抱会帮助父亲与女儿在进行沟通的时候更加顺畅，而且在转瞬之间即可完成，比语言更有感染力。

△将拥抱的含义延伸。

拥抱女孩所起到的作用是让女孩感受到爱。当领会到这个道理之后，聪明的爸爸就会明白其实很多对女孩其他的动作也都能起到和拥抱一样的作用。父亲只要多用点心思，就能挖掘出很多向女孩表示爱意的举动，比如对女儿说一些温和的话，在说话的时候认真地倾听并注意女儿的眼睛等。

像名人一样思考自己的教育方式

周弘：赏识，女孩成功的源泉

他，被人称为"中国第一位觉醒的父亲"；

他，被人称为"当代的陶行知"；

他，曾经影响了上亿含辛茹苦的父母们。

这位伟大的父亲名叫周弘，他也曾是一位普通的父亲，而如今他和他的"赏识教育"早就已经名满天下了。他和他的女儿周婷婷一同与命运抗争，使天生耳聋的女儿获得了常人难以想象的成功。

周婷婷天生耳聋，到了3岁的时候还不能讲话。但是，在周弘细心的教育与鼓励下，原本已经列为残疾人行列的婷婷在6岁的时候已经能认识2000多个汉字，8岁的时候就能够背出圆周率小数点后1000位的数字并打破吉尼斯世界纪录。

不仅如此，周婷婷在上小学的时候连跳两级，10岁那年被评为"全国十佳少年"，17岁时被评为全国自强模范，20岁赴美留学，如今已经获得硕士学位。

周婷婷和同龄人相比，能够拥有的东西并不多，但是她所取得的成就，非常人能及。

原本全聋的女儿能够取得今天的成就，她的幕后高参——爸爸周弘有什么秘诀吗？

面对自己的孩子，周弘曾说过这样一句话："哪怕是天下所有的人都看不起我的孩子，我都会含着热泪欣赏她、拥抱她、亲吻她、赞美她，我会永远为她自豪。"

如今，周弘的"赏识教育"已经被越来越多的人所熟知，而"赏识"作为一种教育手段也被越来越多的人所认同。

很多爸爸在教育孩子方面并没有周弘这般的耐心，而总是抱有一种"恨铁不成钢"的心情。他们希望自己的孩子能考满分，于是就批评自己的孩子总也考不了满分；希望孩子进步快，就批评孩子进步慢；希望孩子能再机灵点，就批评孩子反应太慢……爸爸们似乎总有一套自己的"教育经济学",并自以为是:孩子固有的优点,不表扬还是有;但是孩子的缺点,不批评就改不了。正因为如此,所以要多批评,少表扬,不能让孩子对自己的现状满足。这样的教育是周弘最为反对的。

周弘则认为:如果一个孩子在成长的过程中得到的是太多的责备、抱怨和训斥,那么教育则会陷入一个怪圈,父母会发现孩子的优点越来越少,而缺点则越来越多。对于孩子的批评过多,会使他们以失败的心态走向社会。

婷婷小的时候学习数学很吃力,但是爸爸却从来没有责备过她。记得有一次,周弘给女儿出了10个题目,但是小婷婷只做对了其中的一道题,当时,周弘感到眩晕,他心里十分清楚女儿的数学水平差到什么程度,不过,他依然做出很吃惊的表情,对婷婷说:"呀,这么有难度的题目,你都能做对一道,真了不起。"爸爸这样的评价使婷婷喜欢上了学习数学,并且日后的成绩越来越好。

唯有鼓励才能调动起一个孩子学习的兴趣,无论她的起点有多低。婷婷在上高中物理课的时候,依然没有丧失对于学习的兴趣,记得有一次老师讲"动量守恒定律"的时候问起"小球从高空坠地后会弹跳起多高",婷婷为了做好这个实验,特意去买来两只小橡皮球,自己设计了一个"超级小球实验",看着小球的弹跳超出了寻常的高度,好奇心使她更加喜欢学习了。

也许,有很多女孩都羡慕婷婷有这样一个好爸爸,那么我们也来做这样一个懂得赞扬女儿的好爸爸吧。

△ 帮助女孩唤醒自信。

在一个班上,如果老师只关注考前几名的学生,只关注那些拔尖的学生,那些考得不好的孩子总是灰溜溜的,老师这种无言的否定会使他们被扣上"不认真""成绩不好"的帽子，这样的心理暗示一旦形成，自信心就会受到严重损失。作为爸爸，我们千万不要再批评自己的女孩了，多鼓励她，相信她一定能够取得好成绩，帮助她恢复自信。

△ 尊重女孩的人格。

女孩和家长在人格上是对等的。陶行知先生率先把"小孩子"称作"小朋友"，就是对儿童极大的尊重。在日常生活中，很多小细节都可以体现出爸爸对女孩的尊重，比如说蹲下来平视孩子，倾听孩子说话，这样的动作会让孩子感受到被尊重。

薛涌：孩子要宠不要惯

薛涌是当代著名的"草根精英"，他是耶鲁大学的历史学博士，现在在萨福克大学历史系教书。薛涌先生有一个可爱的女儿，对于这个女孩的教养，他也算是心得不少。他所著的畅销书《一岁就上常青藤》，介绍了他是如何用美国的教育方式来教育自己的孩子，这本书的问世掀起过一阵关于"常青藤教育法则"的讨论热潮。

薛涌对他的女儿疼爱有加，字里行间渗透着对女儿的喜爱和肯定。但是，薛涌还是坚定地认为：女孩要宠，但是千万不能惯。

每个爸爸都会疼爱自己的女儿，比疼爱更深的程度则是宠爱。宠爱无可厚非，但是如果宠过了头，那就会对女孩的成长带来一系列的不良影响。薛涌则认为：所谓的宠，应该是满足孩子在成长过程中的感情需求，这样宠出的孩子在日后的成长过程中会更加自信。但是，并不是所有的爸爸都了解宠爱孩子的尺度和分寸，如果宠爱无度，那宠爱就会变成溺爱，而溺爱则会给女孩带来一系列不利的影响：受到溺爱的孩子会变得更加任性和爱撒娇；受到溺爱的孩子会弱化与外界交流的能力；受到溺爱的孩子会埋没做任何事情的潜能。

薛涌一直坚持"宠而不惯"的教育思路，他的女儿没有被宠坏，反而比同龄的小女孩懂事。比如全家一起去买东西，她看上一件东西很想买，但是如果家长嫌贵，她二话不说，马上会把东西放回去，而不会像其他的小朋友那样原地耍赖。而且在平时，不论父母叫她做什么，她都会照做。女儿能够如此懂事，完全在于父母满足了她的感情需要，使她能够绝对相信父母，在待人接物的过程中也很有信心。

薛涌的这些教育思路，完全是受到了自主独立的美国式教育的影响。在美国，无论家长是高官还是富豪，从来都不给子女零花钱。而子女的零花钱大多是通过课余或假期的打工中"按劳取酬"获得的。不仅如此，当子女成长到了18岁的时候，他们就再也不会在经济方面依赖自己的父母，而是必须要自食其力。而这些美国孩子也把长大了还向父母伸手要钱视为一种耻辱，自觉地凭劳动和智慧来挣钱料理自己的生活。

然而，反观我们中国的一些家长，他们从来都不让自己的孩子做任何家务，对女孩的各种要求都是"有求必应"，面对孩子所遇到的困难，爸爸总喜欢替孩子"迎难而上"。父母总是尽自己的全力来创造一个让孩子感受不到苦难的环境。这样被娇惯长大的女孩，我们很难相信她会具备在这个社会生存的适应能力和免疫力。

△ 不要对女孩百依百顺。

小女孩天生可爱，娇宠着点儿也是人之常情。但是，如果爸爸总是没有原则地对女孩"有求必应"，那这样做的结果会使女孩不懂得感恩，而且还会觉得爸爸为自己做这一切是理所应当的。所以，疼爱归疼爱，但是爸爸要把握好自己的度，更不能为了顺应女儿而模糊了自己的原则。

△ 适当让女孩做做家务。

很多爸爸觉得女孩年纪还小，不做家务没有关系，只要学习成绩好就可以了。实际上，根据女孩的年龄，可以适量地安排她们做一些简单的家务劳动，一方面使女孩提高做家务的能力；另一方面可以使她们更加深切地体会到父母养育她们是多么不容易。

周国平：孩子是多么需要欢笑

周国平是中国当代的著名作家，对于教育孩子，自然有其独特的见解。在他看来，孩子美好的童年必然在欢笑中度过。然而，一个孩童并非对谁都是笑的，笑也是需要被鼓励的，孩子总是在真正爱自己的人面前笑得很欢畅，而在不喜欢自己的人面前同样显得冷漠。

周国平有过一篇很好的美文《孩子多么需要欢笑》，以优美的文字论证了"笑"对孩子成长的重要作用：

人在孩提时期也许是笑得最频繁的，当然也是最灿烂的。孩子常常会无缘无故地笑，那是新生命蓬勃生长的音乐，是真正的天籁。

然而，笑不是生物性本能，而是上帝赋予人的特殊能力，人是唯一会笑的动物。在婴幼儿身上，有意识的笑是社会性的最早征兆，也是智力发育的伴生现象。笑需要鼓励，最重要的鼓励来自两个因素，一是爱和善意；二是有趣。

孩子对爱和善意有极为准确的直觉，绝不会弄错，在爱和善待自己的人面前笑得最欢畅，在冷漠者面前则一定会冷淡和显得呆滞。

但是，仅有爱还不够，还必须有趣。我在所有的孩子身上都观察到，孩子最不能忍受的不是生活的清苦，而是生活的单调、刻板、无趣。几乎每个孩子都热衷于在生活中寻找、发现、制造有趣，并报以欢笑，这是生长着的智力的嬉戏和狂欢。

人们往往严重低估孩子对于有趣的需要，以为只要在日常生活上照料好就行了。比如说，有的父母把孩子完全交给保姆或老人带，而保姆和老人带孩子往往趋于保守，但求平安无事，鲜能顾及有趣，给孩子心智发育造成的损失虽然看不见，其实难以估量。所以，依我之见，再忙的父母，也应该安排时间和孩子玩，而且不可敷衍，一定要全身心地投入。不肯这样做的父母，或者是自私的，或者自己就是无趣的，所以压根儿没想到孩子会有对于有趣的需要。

周国平写作这篇文章，也是呼吁在家庭中能够建立欢快的友善氛围，这是最利于女孩成长的。那么，想要营造一个快乐的氛围，要从哪几方面下手呢?

首先，爸爸要让自己的快乐情绪感染到孩子，这样就可以为女孩创设一个良好的心理环境。需要注意的是，在这个过程中自己要尽量做到乐观豁达，不要把自己的坏情绪传递给女孩。

其次，让孩子自己选择，自己决策。大人也要尊重和理解孩子，应该给孩子创造一个想说、敢说、有机会说的语言环境，并且设法给孩子提供机会，让孩子从小懂得如何来使用自己的决策权。

最后，爸爸应该主动帮助女儿调整心态，当看到女儿心情不好的时候，可以带她出去活动活动，将不好的情绪转移开。或者引导女孩用一种其他的方式将情绪发泄出来，比如唱歌啦，打球啦之类。

△ 了解女孩，帮助女孩制定适当的期望值。

总有一些家长对女孩的期望值过高，希望女孩样样都比别人强。爸爸们这样的做法使女孩更加自卑和压抑，并且会表现得越来越沮丧。爸爸们应该鼓励自己的女儿：自己只和自己比。对待孩子，我们多一些纵向比较，少一些横向比较，就会让孩子在自己的水平得到适当的发展。

△ 让孩子在玩中学。

家长的传统观念总是认为"玩物丧志"，不支持女孩玩。而实际上，在玩的过程中，女孩的整个身心都会得到发展。大人们千万不要压抑女孩自然的生长规律，而是要放心地让孩子玩，并且鼓励女孩手脑并用地玩。当一个女孩的全部身心都能够投入游戏中之后，想象力和创造力都会得到充分的发挥。

何怀宏：孩子，我们来谈谈生命

何怀宏是北京大学哲学系的教授，他不仅是一位学富五车的学者，更是一位有着拳拳爱心的父亲。他有一个女儿经常会向他提问关于生命的问题，比如说"爸爸，我想永远活着，不想死，可以吗"这类让大人们很难回答的问题。而何怀宏总是可以很巧妙地帮助女儿圆满地回答问题。

后来，何怀宏根据女儿的提问以及自己的人生经验，写有著作《孩子，我们来谈谈生命》，曾经获得全国青少年读物一等奖。

现实的生活中有很多女孩容易轻视自己的生命，为了同学之间的义气，或者是和父母赌气，或者是为了追求所谓的"自由"……在她们看来什么都是可贵的，似乎只有生命和自身的安全是无足轻重的。

某小学四位女生因为看了电视中特殊的自杀方式，便商议一起尝试，最终二人死亡；

某市第九中学一位名叫文婷婷的女生因为喜爱的偶像去世而自杀；

一名13岁小学生文文从家里偷出300元钱偷偷去见网上认识的男友，最终被骗失身；

河南信阳一名高中女生，半夜把一杯硫酸泼到同学的脸上，原因让众人大吃一惊——"她比我学习好"；

……

女孩的心理健康非常重要，相信每个爸爸都希望能够拥有一个活泼健康的女儿。年轻的女孩青春飞扬，同时也是情绪最不稳定的时候。所以，如果真的爱自己的女儿，那就为女儿上一节生命教育课吧。

生命教育，就是教会女孩尊重与珍惜生命的价值，热爱和发展每个人的生命，并将个人的生命融入社会之中，让女孩树立起积极、健康、正确的生命观。对女孩进行生命教育的最终目的就在于，通过教育让女孩学会必要的生存技能，同时能够增强抗挫折的能力，培养其坚定的理想信念，学会关心自我、关心他人、关心社会，并树立积极的人生观、尊重他人的生命以及自我生命的意识，以博大的胸怀和坚韧的毅力实现个体的生命价值，为社会做出贡献。

现在的学生升学压力大，女孩从上小学开始就一直为升学压力所困扰。无论是在学校还是在家庭中，"生命教育"都是教育的一个盲点，而正是由于这种教育的缺席，使孩子们不知道生命的宝贵，也不懂得爱惜自己的生命。实际上，人最宝贵的是生命，健康是一个人最大的财富，若生命都变成可有可无的，那教育从何谈起呢？

对女孩进行生命的自我保护课程是不容忽视的环节。泰戈尔说过："教育的目的应当是向人传递生命的气息。"生命的价值首先是基于生命的存在，在此基础之上才能得到发展和提升。作为女孩成长的保护者，爸爸不仅要关心女孩知识的获得与精神的成长，还要教会女孩如何认识自己的生命，如何保护自己，防止任何可能伤害生命的行为发生。

△ 爸爸最好能在轻松的环境中讲述死亡。

现在很多父母都在有意无意间回避"死亡"这个话题，但实际上，对于死亡，再小的孩子都会有自己独特的体验。如果家长总是刻意回避死亡的话题，反而会压抑孩子对自然生命的体验和感受的认识。所以，爸爸们最好能轻松愉快地为女孩讲述死亡。生死学大师库伯勒·罗斯在《关于儿童与死亡》一书中提到，家长最好是能够透过绘画、游戏的过程来帮助儿童理解和面对死亡。因此，当家长们向女孩讲述死亡这个话题的时候，应该尽自己所能把这个话题放在一种很轻松的环境中，让女孩既能够认识死亡，同时又不会感到恐惧。

△ 教会女孩尊重和欣赏生命。

生命教育的一个重要方面就是尊重生命、欣赏生命。人们不仅要珍惜自己的生命，同时还要珍惜他人的生命。爸爸要帮助女孩正确地认识世界，帮助女儿勾画美好的蓝图。要做到这一点，就应该让女孩明白，生命的意义和价值所在。同时要告诉女孩，虽然生命中会有坎坷和挫折，但是生命的本质是光明的，是积极向上的。

第三章

好妈妈胜过好老师——妈妈是最好的老师

妈妈的亲和力影响女孩的一生

母爱，是一种上帝的温度

女性的亲和力，似乎是与生俱来的。世间的文学常常会用"温柔""体贴"来赞美女性，而社会的传统道德也期待女性能够扮演一种知书达理、优雅安静的角色。

传统上来讲，女子最终的归宿是要走进家庭，担当起相夫教子的责任。这样的社会规范不仅仅是为了能够更好地维持社会秩序，同时更是由于女性的天性适合这样的安排。女子天生就是美的诠释者，她的一颦一笑都可以成为诗人笔下的精灵，有着书写不完的情思。而当女子成为一个母亲之后，她的柔美与细腻马上化为母性，身上所散发的魅力更加深刻而丰富，母亲的智慧也就让人更加崇敬。善解人意并不是女性所独有的，然而只有在女性的身上才会表现得如此淋漓尽致，入木三分。

当一个婴儿刚刚出生的时候，基本上饮食起居都由母亲一人料理，而母子之间的感情也是越来越深厚，相互信赖熟悉，几乎是密不可分。在孩子的眼中，妈妈就是最美丽的。这时在女孩的眼中，妈妈就是上帝。

在哈佛大学演讲时，温家宝总理说："我来之前，总记着妈妈告诉我的一句话，她说，人要做到真实、真情、真挚、真切，如果做到这四个真，人的境界就不一样了。我可能回答不好大家的问题，但是我敢说实话。"当发表完演讲之后，温总理拨通了90岁高龄的母亲的电话，听到母亲称赞他"说得很好"时，已经六十多岁的总理像孩子一样开心地笑了。

在美国数百名华人面前，温总理充满感情地吟诵泰戈尔的诗句："'无论你走得多么远，你的心总和我连在一起，无论黄昏时树的影子有多长，它总是要和树根连在一起。'这正是华侨华人、留学生和祖国的关系。"

而"母亲"这个称谓也不仅仅是属于女性，同时也属于大地、祖国、山川、河流等那些给予我们力量和温情的事物。母爱，就是一种上帝的温度，有着母亲怀抱的温暖，有着母亲饭菜的温暖，有着母亲针线的温暖，让人永远不会厌倦，也不会忘记。

梁启超回忆小时候母亲对他的一次极为深刻的教育。那是6岁的时候，他因某事说谎，平日里和蔼可亲、终日含笑的母亲，第一次动怒。她令梁启超跪下，力鞭十数，鞭打之后，她教梁启超说：你若再说谎，将来就会成为盗贼，成为乞丐。人为什么说谎？或者是因为不应该做的事情，而自己做了，害怕别人责备不应该做，便谎言自己没有做；或者有必须做、应该做的事，而自己不愿做，但又害怕别人责备自己应做而不做，便谎言自己已经做了。这对说谎的人来说，明知它的过错而故意犯之，不仅是明知故犯，而且自欺欺人，以为有什么好处。

基本上所有伟大的人在回顾自己的童年时，总会想起母亲悉心的劝导。任何一个有所成就的人，母亲的教导对他的人生观都有着举足轻重的作用。

△ 循循善诱是妈妈的优势。

妈妈们每天在琐碎的家务中脱不开身，但想要帮助孩子提高学习的积极性，就需要拿出时间来阅读，做给孩子看。阅读并不一定要从四大名著、三言二拍这些古典小说开始，读报纸、看杂志也是一种阅读。如果孩子每天看报纸，那说明他还有读书的欲望，妈妈可以带他去书店，给自己和孩子都买点书来读；如果他喜欢集邮，可以买一些邮票历史、常识方面的书；如果他喜欢玩三国游戏，可以买一本三国历史书，如此来开发孩子的阅读潜能。

△ 妈妈有时需要扮演成一个冷酷的"看客"角色。

妈妈有时适当"放权"，更有利于孩子安排自己的生活。当孩子忘记做作业的时候，先不要提醒他，假装自己也忘记了这回事。等他自己想起来的时候，妈妈再出来"救场"，孩子才会教训深刻。如果他决定不做作业，那也不要紧张，明天他就会为自己的这个决定付出代价了。这是一种成长的经历，妈妈们就做一个冷酷的"看客"好了。

母爱的缺失，让孩子的心灵成为荒芜

母爱是孩子心中的大地，世界上的各种生灵都离不开大地。大地哺育生命，滋养万物，给整个世界以真爱。而孩子的成长是由母亲的滋养得来，孩子心中那颗爱的种子是由母亲播撒的。妈妈们用甘甜的乳汁哺育孩子，同时又用爱心呵护着孩子的成长。

在一个电视节目中，主角是个小女孩，她在9岁时离家出走，在外面流浪了三年。

主持人问她："你在外面流浪时最想谁？"

女孩说："最想我妈妈。"

"你怎么想的？"

"我想如果我有了钱，一定买辆汽车，把我妈接出来看看。"

女孩为什么那么想她的妈妈呢？无意中她讲起小时候发生的一件事。

有一年，家里喂养的母猫难产。孩子的手小，于是妈妈让她帮助母猫把小猫拽出来。"当时那只母猫叫得很悲惨，"女孩说，"有一只小猫身子已经拽出来了，但头还留在身体里。就在母猫惨叫的时候，我妈说了一句话：'生你的时候也这么难！'我这才知道，我妈真不容易！"说到这儿，女孩大声地哭了，女孩的妈妈也哭了。

当那个女孩亲眼看到母猫生产时的艰难，才能真切地想象当年妈妈生养她的时候情景有多悲惨。女孩从母猫的生产联想到了自己的妈妈，看到了妈妈当年的痛苦，才懂得了怜悯和感恩。

随着女孩的长大，当她也成为一名母亲的时候，才会体会到当年母亲的不易。

"母亲刚刚离开我了，我没有办法打起精神上班，但是我不想让家人和同事担心，有什么方法可以让我振作起来吗？"

"我从小没有母亲都长大了，你都这么大了才失去母亲，有什么好难过的，真是没有出息。人就是要靠自己，没有谁值得依靠和眷恋！"

这是一对网友的问答，回答问题的人可能从小就没有母亲，所以他体会不到母爱的滋味，也就不能够体会别人的痛苦。这种无所谓的态度引起了很多网友的愤怒，很多人会指责他没有人性。

不过，这样一个从小失去母爱的人，难道不值得同情吗？一个从来都没有感受过温暖的人，是可怜的人。因为他心灵上的那些美好的感情，还没有来得及被呵护，时间就匆匆地将其洗刷，不能责怪他的心肠冷漠，因为属于他的那份温柔被时光无情地抛弃了。当一个人从小失去了爱，他就会变得感受不到爱，也没有能力去爱。他的心灵成为荒芜，沉寂一片。

相比这一类人群，有妈妈疼爱的人无疑是幸运的。但是，又有很多妈妈只是片面地重视孩子的饮食起居，却忽视了孩子的心灵需要。

很多妈妈，由于工作和家庭的压力，她们在成家以后会变得脾气暴躁，容易发火。最常见的景象就是妈妈一个人在旁边絮絮叨叨，而父女两个人却是躲在一旁"惺惺相惜"。由于工作及家务的忙碌，在教育女孩的时候显得越来越没有耐心，动不动就会大动肝火，让孩子感到深深地内疚和负担。如果一个女孩长期生活在不安和被否定的环境中，那么她的一切潜能都会因之而损耗。女孩所需要的不仅是母亲，更是母爱，是温柔的对待，是耐心的倾听，是积极的赞扬，是默默的陪伴。

缺少母爱的女孩容易性格多疑，不相信别人，对于生活也没有眷恋和感激。母亲是世界上最无私的人，她的爱原本是没有条件的。母亲是世界上唯一可以对孩子毫无保留的人。所以，如果一个女孩从小就缺少这种被器重、被全心全意保护的感觉，那就很难建立起对他人的信任。心肠冷漠的人或许是可以成就大事的，但是她又能够从生活中体会到多少快乐呢？这样的女孩将来组建一个家庭之后，对于下一代的爱又会怎样？母爱的缺失，会影响孩子一生的悲喜。

在女孩最需要母爱的时候，一旦母亲缺席，就会造成女孩心灵的永久伤痛，这样的痛苦会给女孩的整个心灵蒙上阴影，永远都无法抹去。

△ 用语言来表达母爱。

对于女孩来讲，夸奖和爱的语言，是永远都听不腻的。而作为妈妈，我们除了要给女孩以实际的关怀之外，同时也需要给她们一些爱语。温暖的话语滋润孩子的心田，远比吃补药更加有效。

△ 引导女孩关心别人。

妈妈的细心可以给女孩充足的爱，但同时也要引导女孩懂得爱别人。当和女孩走在路上遇到受伤的小鸟时，妈妈们就可以抓住这个机遇和女儿一起将小鸟带回家，包扎好并放了它。妈妈将善的小种子点点植入女孩的内心，女孩才会懂得爱。

解读：亲和力就是人脉力

父亲的爱可以为女孩构建一个宏大的世界，让女孩的心智丰盈强大；妈妈的爱就像是庞大世界里的微小风景，精致而美丽，是驱动女孩成长的润滑剂，帮助女孩减少成长的痛苦和摩擦。母亲的爱是女孩心灵的甘露，滋润着生命的本质。

随着女孩年龄的增长，父亲在女孩的成长过程中所占据的角色就像是一个雄才大略的军师，身经百战然后对自己的经历侃侃而谈。既然父亲扮演的是这样的角色，那么母亲想要做的是什么呢？妈妈为女孩准备了发挥才能的能力，换一句话说，是妈妈让父亲对女儿的影响成为现实。这样的发挥才能的能力，就是亲和力。

亲和力并没有严格的学术定义，也没有最高的标准和独门绝学，只要一个人肯打开心扉，懂得真诚地接纳他人，懂得欣赏和倾听，他就具备亲和力。

相貌出众的人会更容易引起别人的关注，但是如果想让别人产生亲近之情，还是要靠脸上常带微笑。微笑让人感到亲切，不论对方是一个不苟言笑的人，还是一个性格爽朗的人，都会难以抗拒微笑的魔力，即便是再不起眼的人也会因为微笑而动人。微笑是最好的亲和力。

　　每个人身上的亲和力都是相差无几的，与人为善，与人为伴。但是在拥有不同潜能的人身上，亲和力就会发挥出不同的作用，亲和力会使一个人的能力得以升级。

　　小朋友拥有亲和力，在学校容易交到朋友；年轻人拥有亲和力，容易吸引异性；老师拥有亲和力，会赢得学生的好感，与孩子们成为亲密的朋友；医生拥有亲和力，让病人感到温暖和镇静；领导拥有亲和力，职员的热情和进取心更容易被调动，团队的氛围更加融洽……

　　当亲和力与人生这样的命题相结合的时候，用最现实的词汇来解释它，那就是人脉力。毕竟每个人的知识总是有限的，任何事情都需要合作才能完成得更好，伟大的交响乐也需要不同的乐器共同来演奏。尤其是在中国这样的人情大国，人脉力的作用越发不可小觑。礼尚往来是一种人脉投资，而亲和力却是最为节约的成本，也是最值得信赖的一种人脉力。

　　△ 重视孩子的交往困难。

　　孩子与他的伙伴在交往过程中或多或少会产生一些摩擦。父母在孩子出现不愉快情绪的时候，要注意以关爱的方式去询问孩子。如果孩子真是遇到了挫折，父母最好能和孩子面对面地坐下来好好谈一谈。讨论什么是真正的友谊，应该怎样解决矛盾等话题，并指导和帮助孩子处理交往中的困难。

　　△ 引导孩子亲近周围的邻居。

　　如果你发现自己的孩子没有玩伴，那么你能做的最好的事情就是带着孩子在小区里散步，然后停下来和邻居聊天，并且让自己的孩子和邻居家的孩子热情地打个招呼，这样会对孩子更有好处。注意邻居的孩子平时都在做什么，然后就可以让自己的孩子也参与进来。这样的方法可以扩大孩子的生活圈子。

与人相处的自如心态，多来自母亲

在日常生活中，我们遇见过人见人爱的女孩，也见到过惹人生气的女孩。有的孩子在你还没有开口之前，就已经领会了你的用意，这样的女孩被认定是冰雪聪明的。而有的女孩却很被动，有问才有答，虽然有点羞怯，但是并不缺乏令人怜爱的气质。但是也有一种小女孩，就完全不能或者是不愿意配合他人，就像是封闭在自己的小世界中，总是处处提防，充满了攻击性。很多人将这样的区别归结为天性，就像双胞胎中的孩子虽然长相一样，但是性格完全不同——有的静如处子，有的动如脱兔。实际上，这些不同的反应都在一个框架里，反映的是孩子的同一种能力，即人际交往能力。

人际交往是每个女孩将来都要面对的现实。哈佛大学发展心理学家霍华德·加德纳指出，在社会活动中，人际交往使人能够了解他人，更好地与他人一起工作。这些属于非智力因素，取决于后天的培养和开发。儿童从一出生，就开始了与他人的交往，随着年龄的增长，儿童与人交往的意识不断加强，交往策略也不断地丰富和恰当。

父母在女孩成长的早期过程中所进行的精心培养，将促进女孩在人际交往方面有良好的发展，为儿童将来走向社会、进行工作和学习打下坚实的基础。母亲在培养女孩与人相处的能力方面，发挥的影响尤为重大。

女孩从出生开始，母亲与她有着最为直接的接触。女孩最初的触摸记忆和声音记忆都来自母亲，母亲是与女孩身体和心灵靠得最近的人。等到女孩长大之后，其他的女孩是否接纳她，关键在于她怎样去接纳别人，适应社会。而这种接纳他人的能力就是从模仿母亲开始的。一般来说，一个热情的女孩，往往她的母亲对别人也很热情；一个性格古怪的女孩，往往她的母亲性格也比较古怪。而没有母亲的女孩，则更容易走入人生的极端。

当女孩做错事情的时候，往往是妈妈来给她安慰和鼓励；当女孩在学校里发生了不愉快的事情，妈妈也会耐心地倾听并关注女孩的感情。所有的这些无论是对于妈妈还是对于女孩来说，似乎都是理所当然的事情。如果一位妈妈可以做到善意地倾听，让女孩能够体会到被尊重和被珍视的快乐，女孩也就会模仿母亲的口气和神态，去分享他人的喜悲，这样的女孩一定是大家都会看中的朋友。

另外一点，女孩与人相处的时候能否心态自如，也与她和母亲相处时候的心态有很大关系。如果一个女孩从小就能够与母亲随时随地进行有效沟通、交流感情，从小就会在表达和感情上比较明确、稳定，这也是决定她能否与人自如交流的关键。

莉斯的妈妈是一个慈善活动家，她关照社区的孩子和老人的生活，并且常常带着莉斯参加各种活动。妈妈常常给莉斯讲教义，告诫她要做一个诚实、勇敢、富有同情心的人。虽然妈妈的要求都非常正确，但是妈妈因为繁忙的事物，常常以命令的语气与莉斯交流，她不能容忍孩子有一点点异议，否则就会歇斯底里地痛哭，在孩子面前表现出受伤者的样子。

妈妈的反应让莉斯不敢有一点反抗意识，她也不愿意和父亲交流。父女两人形同陌路。莉斯的同学们常常取笑她是一个古板的基督徒，毫无生趣。

很明显，由于受到母亲不当的影响，莉斯已经在人际交往上出现些故障，但是这些又不得不归咎于母亲的过于敏感。女孩与别人和睦相处，结交朋友是她人生中的重要内容，妈妈们要经常告诫女孩反省自己能否做到耐心、倾听、及时回馈、赞美等。具体来说，首先是让女孩在家庭中学会沟通，在沟通中学会理解；其次是要尽量支持女孩多与同龄人在一起交往。如果女孩有成年朋友的话，也不要过于担心，不妨看成证明女孩社交能力的最好征兆。

△ 妈妈要训练女孩学会倾听。

善于倾听的人，才能真正地理解语言并正确地运用语言。有些妈妈会发现自己的女孩在成长的某一段时期内变得特别不听话，并且喜欢自言自语，不太会耐心听别人讲。因此，妈妈就应该有针对性地训练女孩。比如说在日常生活中引导女孩辨认声音，区别声音，这是提高女孩倾听能力的重要途径。在和女孩说话的时候要尽量表现得语言简单明了、富有童趣，词汇生动形象，声调平仄有韵、抑扬顿挫，表情动作夸张、传意，这样的话女孩就会听得认真并且听得开心。

△ 在与女孩谈话的时候不要打断女孩讲话，而是要让她把话说完。

让女孩能够自如地讲话是提高她交往能力的第一步。很多妈妈习惯在女孩说话的时候在旁边纠正，这样的做法会使女孩在表达自己意见的时候有所顾虑。比如一个女孩指着一个漂亮的小汽车说："妈妈，你看。"这个时候妈妈就立刻接话："你说的是那辆黄颜色的车子吗？它很漂亮，对不对？"女孩要说的话都被妈妈说完了，她只好"嗯"一声，就不再说话了。妈妈这样的做法既不利于女孩自信心的建立，同时也不利于养成良好的说话习惯。

塑造女孩之前，妈妈先塑造自己

注重身教，做女孩的好榜样

想一想，这些自相矛盾的事情有没有发生在很多妈妈的身上呢？

妈妈对自己的孩子会说："你要好好学习，倾家荡产妈妈也愿意。"转过身来又对邻居说："这才刚开学就交了400多元的书本费，足够我做个不错的头发了。"

妈妈对自己的孩子会说："你要好好学习，将来才会有出息。"但是却和亲戚们谈论："现在的社会，没有关系寸步难行啊。"

漫画家几米有一本漫画，叫作《我的错都是大人的错》，其中有很多"金玉良言"，一针见血地说出了现代家教的矛盾：

有些父母喜欢教训孩子：吃得苦中苦，方为人上人。

但他们自己吃尽了苦头，也没有变成人上人……

大人喜欢吹牛，

却要求小孩诚实。

所有的孩子都爱吹牛，

说他们的爸爸从来不吹牛。

大人喜欢对小孩说：

永远永远不要放弃梦想。

但为什么放弃梦想的都是大人？

这些既简单又直白的语言，把大人问得哑口无言了。对啊？为什么家长总是在做自相矛盾的事情，一边说着这样的话，一边又做着那样的事。每个母亲都喜欢自己能有一个称心如意的孩子，但是很抱歉几米又说出了一个真相：

我知道我不是一个完美的小孩，但你们从来也不是完美的父母，所以我们必须互相容忍，辛苦坚强地活下去。

很多女孩的不完美，实际上都是从大人的身上映射过来的。比如我们常说孩子没有什么自尊心，不知道害羞，脸皮太厚。是不是因为她的自尊心被父母伤害得太严重了，产生了"抗体"？或者是她们没有从父母的身上找到自尊的感觉，从来不知道自尊是一种怎样的东西。现在孩子身上反映出来的种种问题，都是大人教育思想或者教育行为的后果。

有的妈妈说孩子不爱学习，但是她自己也从来没有在家中翻阅过一本正经的读物。

有一位老师曾说，他请了专门的家长培训老师去学校培训，结果有几个家长却趁机带着孩子去澡堂。"那些人的脑子才需要洗一洗呢！"

家长会上，如果是家长自由选择座位，常常可以见到大家都往后面坐，哪怕讲台上前面的位置空了很多。有很多家长迟到，或者听到一半的时候就离开了教室，或者在听课的过程中从来没想过要记笔记，或者是突然接听电话，或者是大声说话打断主讲人……

我们能责怪孩子听课不积极、不记笔记、不用心、不守时吗？

"妈妈，今天你们都听了些什么？"一般孩子都会好奇，看老师有没有批评自己，或者有没有表扬到自己的进步。

这时候，如果妈妈能拿出来一个笔记本，一条一条说今天的学习内容，孩子马上就能知道，做好笔记很重要。但很少有家长能做到这样，甚至连讲了些什么都忘记了。

更有这样的妈妈，回家之后向孩子抱怨："今天听课真是白搞了，啥也没记住，往后再也不去听了。"这不是在告诉孩子听课没意思吗？

其实，好妈妈可以这样做：

回去之后，兴奋地对孩子说："妈妈今天听课，感觉收获特别大。"然后亮出自己的笔记本："下次有专家来讲课，你一定要告诉妈妈。我好早点去坐到第一排，听清楚些。"

学习是多么令人愉快的事情！这一点不会因为你是妈妈就变得无趣，也不会因为他是孩子就变得更有趣。学习带来的快乐是相通的，如果你能表达出这种快乐，孩子也就能去努力体会这种快乐。

除了学习，生活中也有很多大人影响孩子的现象。

世界著名的西班牙"吉他家族"罗梅罗，一个家庭中诞生了四个世界顶级的吉他手。老罗梅罗与他的三个儿子：赛林、佩佩和安吉尔，组成了一个四重奏。那时孩子还是十几岁的少年，但他们的影响力与日俱增。赛林的儿子塞林诺以及安吉尔的儿子利托也在十几岁的时候加入了这个团队，罗梅罗吉他家族又扩展到了祖孙三代。一个家族出现多位艺术家并不罕见，但是出现了多位演奏同一种乐器的艺术家则是极为少见。谁能说这不是家长影响的结果呢？也许，父亲的手指正好拨动了孩子的心弦，让他们感受到了吉他的美好，才愿意投身于此！

美国历史不过两百多年，在这块土地上有两个家族都已繁衍了八代子孙。

一个是爱德华家族，始祖曾是康涅狄格州德高望重的哲学家嘉纳塞·爱德华。他重视子女教育，把严格的家法代代相传，在他的8代子孙中，出了1位副总统、1位外交官、13位大学院长、103位大学教授、60位医生、20多个议员……至今没有一个"爱德华"被关、被捕、被判刑。

另一个是莱克家族，始祖是纽约州臭名昭著的赌棍加酒鬼马克斯·莱克，他以开赌场为生。这个家族有7个杀人犯、65个盗窃犯、

324个乞丐，夭亡或成为残废的多达400多人。

家庭是孩子的第一所学校，好的或者坏的教育，都将在孩子的心中留下烙印，代代相传。孩子身上的那些错误，很可能就是这个家族的错误，或者，就是我们大人的错误。

△妈妈要在女儿面前以身作则。

在女儿的心中，妈妈不仅是一种权威，更是为女儿的言行举止提供标准的人，妈妈的表现在很多情况下会成为女儿的参照。所以，如果妈妈希望女儿能够言行一致，一定先保证自己不要言行相悖。古人说"以教人者教己"，就是讲如果你希望孩子具备什么样的品质，你自己要先做到才行。妈妈的榜样作为一种具体的形象具有强烈的感染力量。

△妈妈要先做到表里如一。

无论何时何地，妈妈要先保证自己言行一致，表里如一，不可以做一套说一套，在外一套家里一套，否则的话女儿会觉得自己的妈妈是个"当面一套，背后一套"的伪君子。所以，明智的妈妈一定要三缄其口，不该说的话不乱说，才能给女儿留下好印象。

当妈妈是一项挑战和考验

据说每一个女孩都是一个公主，但是随着年龄的增长，有的女孩会长成漂亮的公主，而有的女孩则会像尘土一样淹没在人海。而每个女孩，尽管她们的起点是相同的，但是所走的路却相差得越来越远。

不过，当这些女孩都成为母亲的时候，似乎又都回到了同一条起跑线上。同样面对孩子的成长困惑，同样是为孩子而喜忧参半，同样是在孩子的身上找到很多以前不曾在意的东西。

娱乐圈是公认的"乱世"，这个圈子中有太多的喧哗和假象，但是自从有了孩子的牵绊，那些宠儿们不得不回到普通人的生活中。贾静雯为了女儿和家人闹得不可开交，王艳嫁入豪门之后也只是恪守母道，陶晶莹因为思念女儿而无法正常地工作……"妈妈"的这个身份让她们不再像从前那样绚烂多姿，她们像是走下神坛的普通人。

说到"打落凡间"的明星妈妈们，一般人最容易想到的就是王菲。曾经作为"天后"的她可以从来不在意别人的评价。她身着各种各样的奇装异服，打扮成妖艳的样子，在歌词中张扬着不羁和固执，而在媒体的面前却冷若冰霜。就是这样一个女子，在她做了妈妈之后，就再也不是从前那个彻底自我的女子了。她可以对外人冷漠，却从不会让自己的孩子感到孤寂。随着她第二个女儿的到来，她更加体会到做母亲的不容易，和丈夫一起开始关注慈善事业，为更多的裂唇患儿创造治疗的机会。正是孩子使她改变了自己，使她脱胎换骨。王菲的好友刘嘉玲说："是孩子让她重生了一次。"

还有一位因为孩子而获得"重生"的知名人士就是杨澜。当她还没有做妈妈的时候，已经是一个非常成熟的女性了，主持事业如日中天。所有人都认为，凭她的智慧与美丽，一定会成为一名好妻子、好妈妈，但是当她真的做了妈妈的时候，却坦白自己的一切都要重新开始，面对各种教育的困惑，需要自己慢慢去摸索。

杨澜的工作很忙，她自己也想要在事业上有更多的进展。她和丈夫投资了阳光卫视，这是中国电视业中的一次大胆的尝试，最终以杨澜转让所有权收场，他们在其中投入的精力和做出的挣扎是可以想见的。但这并不能成为她做不好妈妈的借口。为了让儿子安心，她决定辞职一年，完全在家里带孩子。

"做母亲也是需要学习的。"杨澜说自己现在特别庆幸自己为孩子休假了一年的时间。

因为工作的原因，儿子从上海转学到了北京，刚开始时他很不开心，总抱怨说到了北京就见不到上海的老师和同学了。杨澜告诉孩子，他很快就可以交到新的朋友了。但是不久，杨澜就从一本教育心理学方面的书上读到，大人往往觉得搬家是小事情，但是在孩子的头脑中却是件大事。因为他到了一个全新的环境，需要花很长的时间和勇气才能适应。杨澜发现自己用新的朋友圈来宽慰孩子的做法是不对的，这会让他有一种背叛、负罪的感觉。孩子会觉得妈妈的意思是交了新朋友就可以忘了老朋友，所以杨澜主动帮他搜集整理上海同学和老师的联系方式，还建议他隔段时间就电话问候这些老朋友，约时间聚会。

杨澜说自己可以从孩子的身上学到很多东西，在教养孩子的过程中会收获很多的快乐，这些是她在工作中体会不到的。

正是由于孩子，妈妈们开始放弃自己的美丽、固执和自私，她们开始乐于耐着性子去做相同的事情，她们不得不去重复相同的话，她们听着含混不清的语言，她们打扫被弄乱的家庭。她们要随时"应战"，因为孩子不知道会在哪里放一颗"炸弹"。

"天将降大任于斯人也，必先苦其心志，劳其筋骨"。可能上天给每一个母亲都赋予了大任——抚养子女，所以才让她们面对很多的磨炼。这是一种人性上的锤炼，每个准备或者已经做了妈妈的人，都要接受这项考验。

△ 让孩子高兴是教育的原则。

"妈妈，我今天将四个玻璃球弹进了门洞！"面对女孩汇报她引以为豪的"战绩"时，家长不要表现得默然，那样就如同给孩子泼了一盆冷水。不如友好地蹲下来，用认真而好奇的眼神问孩子："真的是这样吗？那好棒啊！能不能告诉我，你是怎么做到的？有诀窍吗？"女孩听到这样的话，一定会打开话匣子，滔滔不绝地讲述。妈妈可以借此了解女孩的想法，以及和其他女孩的互动模式是否正确、游戏的安全等，更进一步引导和启发女孩的更多思考点。让女孩除了"爱"玩，还要"会想""会玩"。然后，大人便会发现，游戏不再只是游戏，而是探索、思考和学习的一种途径。

△ 不要试图让孩子害怕自己。

如果女孩和你顶嘴，你应该感到高兴，因为那意味着她已经长大了。因此，面对顶嘴的女孩，妈妈们要保持冷静，千万不要轻易发火动怒，加剧双方的抵触情绪。而是要善于倾听女孩的意见，耐心听女孩把心中的观点讲出来，然后，分析一下女孩说的是否有道理，变顶嘴为讨论、探讨。如果女孩是正确的，就应该给予肯定和鼓励。

女孩对人生的正确理解从妈妈开始

母亲教育研究所所长王东华教授在他的《发现母亲》中说："对母亲的依恋是人的精神赖以存在而不致崩溃的基础，也是人不断扩大自己生存疆域的依据，人所有的信仰，都是对母亲的信仰的一种替代形式。"这话一点也不夸张，母亲能够带给孩子的动力，是难以估量的。

诺贝尔生理学或医学奖的获得者班廷，在年轻时是一位神学院的学生。他与母亲的感情深厚，当他刚学完一年神学，就接到了母亲病逝的噩耗。为了帮助那些像母亲一样的病人，班廷毅然决定从医。每当他遇到一些学习上的困难时，看看床头母亲的相片，看到母亲在病痛中依然保持着微笑，班廷就什么困难都能克服了。在母亲的鼓励下，产生了众多像班廷这样杰出的科学家。

妈妈们可以观察一下自己身边那些和孩子年龄相仿的小朋友，通过观察可以发现：那些总是充满着自信和乐观情绪的女孩，基本上无一例外地都拥有一位极其疼爱她们的妈妈。和那种深沉的父爱相比，母亲那种炽热的爱，正好将这种力量激发出来，使之发挥出最大的价值。

女人天生注重表达情感和想法，这种特质使妈妈们更容易夸奖女孩，更容易关注女孩的情绪变化，更容易察觉到女孩是否心情愉快等。如果说爸爸让女孩学会了勇敢和进取，那么妈妈则是女孩生活中形影不离的守护神。

妈妈的鼓励可以帮助女孩在任何困境中克服恐惧，而妈妈自身对于美好的追求，也能够感染女孩走上同样的道路，居里夫人就是这样的一位好妈妈。

居里夫人的丈夫很早就去世了，政府提出帮忙抚养她的两个女儿。年轻的居里夫人谢绝了，她说："我不要抚恤金。我还年轻，能挣钱维持我和我女儿们的生活。"

在养育女儿的过程中，居里夫人没有把小孩子扔在家里让她和姐姐玩耍，以科学之名推脱自己身为母亲的责任。在她的笔记本上，居里夫人像做实验一样每天记载着小女儿的体重、吃的食物和乳齿的生长情况。"伊蕾娜长了第七颗牙，在下面左边。不用人扶，她可以站立半分钟。三天以来，我们给她在河里洗澡，她哭，但是今天她不哭了，并且在水里拍手玩水……"

在一本食谱的空白处她写道："我用八磅果子和等量的冰糖，煮沸十分钟，然后用细筛过滤。这样得到四罐很好的果冻，不透明，可是凝结得很好。"

居里夫人第二次获得诺贝尔奖时，特地带上了女儿伊蕾娜，让她与自己分享这份荣耀。"一战"爆发以后，居里夫人征求孩子们的意见，询问是否将保障她们生活的财产捐给国家，两个女儿都欣然同意了。随后，她们又加入战地救护的队伍当中。居里夫人用自己的专业知识，亲自创设并且指导装备了 20 辆 X 光汽车和 200 个 X 射线室。没有司机的时候，她就自己开车到外面营救伤员，遇到故障，她就下车自己动手修理。

作为一个年轻的母亲，居里夫人并没有比别人更多的优势，她有繁重的科研项目，而且还是一个寡妇。但是她那坚强的意志和乐观勇敢的生活态度，使一切都不能将她击倒。而居里夫人的这种品格，也影响着她的女儿们。最终，伊蕾娜也成为诺贝尔化学奖的获得者。

很多妈妈都不知道如何去教育女孩积极进取。实际上，如果你本身就是一个积极进取的妈妈，那么孩子就自然能够养成阳光的心态和性格。女孩对于人生的感悟，很多都是从妈妈那里学到的。正因为如此，妈妈们努力地提高自己就变得格外重要。

△ 妈妈要注意管好自己的嘴。

如果你不希望孩子养成抱怨的习惯，就要先管好自己的嘴。很多妈妈喜欢在孩子面前唠唠叨叨，一不注意就说了很多抱怨的话，孩子一方面会不胜其烦；另一方面也会养成找借口、爱抱怨的性格。

△站在孩子的立场上看问题。

每个女孩都有自己独特的想法，有自己喜欢做的事情。而妈妈们却往往忽略了这一点。当妈妈强行让孩子做某件事情的时候，女孩的心里一定是不情愿的。妈妈在开始带女孩做一件事情的时候，最好先想想是否会符合女孩真正的兴趣和需求。要多问问女孩喜欢做什么？对于某件事情她不喜欢，最好问问是什么原因。总而言之，要想真正地了解女孩，一定要用心倾听她们的需求在哪里，尊重她们的意愿。

妈妈善待自我，女孩才会懂珍惜

近年来，自杀成为社会中的新热点，包括很多的社会名流——那些散发的气质让人羡慕、所过的生活令人神往的人们，也许今天看上去还是神采奕奕，但是转天之后就会得到其死亡的消息。她们拥有着常人所不及的美丽，却会选择突然放弃自己的人生。这样的社会状况，会让多少人感慨：生命真的是脆弱啊。

国际预防自杀协会主席布莱恩·米沙拉说过："全世界每年死于自杀的人数已经超过了100万人，比死于战争、恐怖袭击以及谋杀这三者的总数还多。也就是说自杀者是多于他杀的。"

想一想我们身边的人或是事情，就会被这种说法深深地触动。我们经常会在一些新闻中听说一些骨肉分离的悲惨故事，那些痛哭流涕的家长，他们失去了亲爱的孩子；也有的父母选择了轻生，留下了一个残缺的家庭，使孩子的性格由此变得孤僻起来。

当前，自杀已经成为我国15～34岁人群的死亡首因，每年至少会有25万人死于自杀，200万人自杀未遂。在这些数据的背后，都是一个个鲜活的生命啊！他们有自己的家庭，有自己的亲人，也就是说，在现在的中国，每一天都会有一些人沉浸在亲人自杀的悲痛中。

痛定思痛，为什么会有这么多的人要选择这条路，难道没有其他的解决方法吗？世界这么大，难道就没有一个人的容身之所吗？其实这些自杀的人，困惑他们的并不是外界的一些情况，而是在他们的内心中厌倦了很多的人或是事情。就是这样不健全的心理，使很多孩子对世界彻底绝望，从而走上了绝路。

谁来告诉孩子们要珍惜生命呢？如果妈妈们想要搞懂这个问题，就先要明白自己有责任帮助女孩树立生命意识。如果一个人能够在第一时间内把积极的生命意识传达给女孩的话，告诉她在任何时候生命都是很宝贵的，那么在社会上就会少很多由于一时冲动而酿成的悲剧。有的女孩因为老师的一句"胖得像猪"就跳了楼，如果她能够意识到这句话在生命面前多么不值一提，也就不会这样做了。

△ 让女孩感受到爱。

曾经有人研究过自杀者的心理，认为他们是由于内心感受不到爱，感到的只有绝望才会走上绝路的。如果一个人在困难面前感受不到丝毫温暖的话，那就很难有勇气面对困难了。所以，妈妈一定要给女孩足够的爱，让她感到生活是美好的，让她感受到即便是遭遇再大的困难，也会有人始终在后面为她加油打气。如果把一颗强大的心比喻成一幢建筑，那么爱心就是建筑之前的打地基。

△ 妈妈要让女孩明白轻视生命是不负责任的行为。

没有谁的生活是一帆风顺的。有些女孩在生活中遇到困难的时候，失去克服的勇气，希望以死来求得解脱，希望一死了之，一了百了。也许，孩子觉得这样做最简便易行，但是她却没有想到别人的感受：她在死之前有没有想过自己的爸爸妈妈这些与她生命息息相关，这些应该是她生命中至亲至爱的人们呢？所以，妈妈在对女孩进行生命教育的时候，应该将这样的思想灌输给女孩。告诉女孩，生命是宝贵的，即便一无所有，还有最爱她的人，还有机会可以闻到花香，可以看到天上的星星。然而如果生命没有了就什么都没有了，身后还会有人伤心一生。

赐予她生命，陪伴她成长

信任孩子，这是打通教育脉络的关键

欣欣已经8岁了，是爸爸妈妈的掌上明珠。在家里，妈妈视她为珍宝，事事都乐于为她代劳，不管什么事情都不肯让欣欣自己独立去做。妈妈总是说："你太小了，这些你做不好。还是妈妈来弄吧。"欣欣很想到楼下的小花园去玩一玩，妈妈却总是唠叨不止："那个花园离

家比较远呢，你自己一个人走过去我总有点不放心，怕你会被车碰到。还有啊，那里有好多遛狗的，你要小心点不要被狗咬到。"欣欣对妈妈的这些嘱咐很是厌烦，对妈妈说："哎呀，怎么会有这么多的事呢，我的小伙伴都在那里玩，不是也很好吗？"

这个妈妈总是对孩子有太多的担心，从来不会相信她能够把事情做好。当女孩感受到了妈妈对她总是这样不信任，她的内心并不会认为这是妈妈有多爱她，而是感到自尊心和自信心受到深深的伤害，而她对于母亲的信赖也将势必减弱。这样，家庭教育的效果也不会太好。

在日常的家庭教育中，妈妈对女孩的信任可以让女孩感受到她们是和妈妈处在平等地位的，从而对妈妈更加发自内心地尊敬和敬爱，并且当心里有话的时候更加乐于和妈妈说。这样既增进了妈妈对女儿内心世界的了解，同时又使妈妈在教育女儿的时候有的放矢，获得最好的教育效果。

家庭的教育在生活中得以实现，妈妈和女儿双方通过语言来进行交流。妈妈对女儿的信任是成功家教的重要因素。后来还有一些教育专家通过研究发现，女儿对妈妈越是信任，也就越会相信妈妈的教导。她会把妈妈看作她最赖以信任的朋友，是帮助她解决各种问题的百宝箱，是她生活中的重要参谋，同时更是感情上的挚友。妈妈的信任意味着压力、重视和鼓励，这是真正触动她们心灵的动力。从教育的效果来看，信任可以说是一种最富有鼓舞作用的教育方式。

在教育理论发展的历史中，有一个为人熟知的实验被称为"暗含期待效应"，而这个实验的原理就是信任。这种效应被广泛地应用于现代的教育中，所以，妈妈们应该对女孩更多一些信任，并且要培养女孩的积极性，相信女孩会进步得越来越快的。

曾经有一位教育专家说过，教育的奥秘在于能够对孩子的行为产生信心。在每一个孩子的心中，他们总是需要能和成人一样，得到别人的认可与肯定。所以，如果一个妈妈自始至终都从不对自己的孩子丧失希望，从来都不间断给予孩子前进的动力，那么长此以往，相信女孩总会有一天产生质的飞跃。

1996年时，美国有一位身无分文的青年，他特别喜欢电子商务领域的内容，而且希望自己能够在这个领域内发展。但是没有资金，如何创业呢？

这个青年第一反应就想到了自己的父母，当时他的父母有30万美元的退休养老金。这是他唯一的一笔资金来源。青年左思右想，决定向父母提提自己的想法，争取他们的支持。当她向父母说明自己的想法之后，他的父母没有犹豫太长时间，就把这整笔的钱交给了他，并且跟他说："你说的什么互联网啦，电子商务啦，我们并不了解。但是我们能够坚信你是一个好孩子。"

试想，如果当时青年的父母不相信自己的孩子能够做出一番事业，不相信自己的孩子能够成功的话，那他们不可能会把自己后半生赖以生存的养老金全数交给他。而那个青年并没有辜负当年父母的那份信任，他如今成为亚马逊书店的首席执行官——贝佐斯，而他的个人财富已经高达105亿美元。即便是说贝佐斯的成功不能完全归功于他的父母，但至少他父母所起到的作用非常重要，他们所给予贝佐斯的不仅仅是财富上的支持，更重要的是他们给予了贝佐斯无穷的精神力量。

所以，妈妈们要时常问问自己："我给过女儿多少鼓励和信任？"

△和女孩以心换心很重要。

如果妈妈能够主动地先和女儿进行真诚的交流，那么必将赢得女儿的信任。当然，在妈妈与女儿的交流过程中免不了会因为谈论到某些问题而引发一些小争执，甚至会因此而产生隔阂。那没有关系，妈妈只要真诚地和女儿沟通，一定能够化解矛盾。

△补上体谅他人这一课。

平凡的人没有不失误的时候，而作为家长同样如此。正因为如此，才要坦坦荡荡地正视自己的错误，同时也要正视孩子的缺点。最难得的妈妈就是在孩子犯了错误之后还能包容她、原谅她，如此，女孩怎么会有不感动的道理呢？

当一个女孩接受了母亲的信任，接受了母亲的原谅的时候，无形中我们也在为孩子上了一节课：教会了她要懂得容忍别人。这样来处理孩子的失误，不但会使孩子更加信任妈妈，而且还为女孩补上了为人处世中所必修的一课，不是很好吗？

母亲本该是个观察者的角色

很多时候，妈妈会觉得女孩在婴幼儿阶段并不具备表情与真正意义上的情绪、思想，于是对女儿的事情唠唠叨叨，指手画脚："你该睡觉了！""你的衣服怎么这么脏，该洗了，记得不要放太多洗衣粉，要把领口袖口洗干净……"然而，通过研究表明：随着女孩年龄的增长，她们的感觉能力会越来越强，并且能够以复杂的方式表达出来，具有自己的思想和独特的意识。

比如说这个时候小青青一个人正躺在小床上，妈妈利用做饭的空隙过来陪她，小青青的脸上马上能绽放出一朵小花，甚至是通过摇摆四肢来表达自己的开心。但是，当妈妈要起身离开小青青去看锅的时候，这时小青青立即会噘起小嘴以表达自己的不满。

孩子表情表达能力的发展与体力和智力的生长发育是一种互相影响、相互促进的关系。当女孩开始长大，她们的世界也开始向外拓展，她们的思想表达能力也在随之提高。于是妈妈们就会发现，看着动画片的孩子无缘无故就会夸张地大笑起来；要是爸爸出门不带上她的话，孩子还会大吼大叫甚至乱发脾气。好像一夜之间，孩子就长大了，变得有时候让妈妈难以理解。其实这些，恰好表明了孩子已经有了自己的意愿、有了自己的思想。

生气或是高兴，不管哪种情况，都是孩子良好社交发展的开始。孩子长大后是否快乐、积极、喜社交、喜探索，是否会成为具有良好的适应性和进取性的人，与孩子早期的思想发展有着很大的关系。而妈妈在孩子的成长过程中所要扮演的角色，应该是一个观察者，而不是唠叨者。所以，仔细关注女孩发出的情感信号，并且恰当地回应她们，透过孩子外在的喜怒哀乐探求到她们内在的需求，更好地理解她们的成长愿望，为成功塑造女孩的未来打下良好的基础，这才是新时代的妈妈应该做的事情。

△创设"心理宣泄室"。

妈妈在平日里要多留意女孩的情感，帮助她表达内心真实的情感并宣泄不良情绪。至于宣泄的方式，要根据女孩不同的性格采取相应的方式。对于那些攻击性比较强的女孩，可以让她去打沙袋或者是做其他的运动；对于性格比较内向的女孩，可以和她一起进行角色游戏活动，让其在感受和体验中调节自己的情绪。

△引导女孩多与同伴交流。

妈妈应该鼓励女儿多和同伴进行交往，与同伴一起分享游戏的乐趣，学会与人合作。如果女孩在与同伴一起玩耍的过程中出现了矛盾，那么作为家长最好不要直接介入，而是应当启发女孩与其他的小朋友一起协商、交流，争取让她自己找到解决问题的最好方式。平时，妈妈还要积极地帮助女儿设立好的家庭环境，以方便女孩带小朋友到家中来做客，还要有意识地指导女孩如何招待伙伴。

每个女孩都喜欢欣赏她的妈妈

伟大的教育家陶行知先生曾经说过：教育孩子的全部秘密，就在于相信孩子和理解孩子。如果要做到相信孩子和理解孩子，首先就要欣赏孩子，如果没有对孩子的欣赏，那教育也就无从谈起。

读到这里，妈妈们可暂且先停下来，给自己设置几个情境：

假如今天，你在公司认认真真地做了一份策划书，获得了一片好评，被同事们大大地赞扬了。这个时候，你会怎么想呢？会不会觉得很欣慰："我的努力终究没有白费。"

假如你在家里烧了一份可口的饭菜，家人吃过之后满足地说："嗯，今天的菜做得真好。"那么，你会不会在内心由衷地感到高兴呢？说不定下次还会兴致勃勃地主动请缨，为大家做一份可口的饭菜呢！

其实，孩子也是一样的，她们需要获得妈妈的欣赏和认同。要知道鼓励可以说是每一个人成长过程中的自然需求，谁能够在受到批评、指责、埋怨之后仍会保持喜气洋洋呢？女孩幼小的心灵就更加需要鼓励了，鼓励能够使女孩的信心高涨，会使她更加地上进。托马斯曾经说过："有的时候，及时而有力的鼓励就是对女孩最好的帮助。"

成功学大师拿破仑·希尔曾经被认为是一个坏孩子。母牛走失了、树莫名其妙被砍倒了等诸如此类的坏事，人们都认定是他做的。甚至父亲和哥哥都认为他很坏。人们都认为母亲死了，没有人管教是希尔变坏的主要原因。既然大家都这么认为，他也就无所谓了。

直到有一天父亲再婚。当继母站在希尔面前时，希尔像枪杆一样站得笔直，双手交叉在胸前，冷漠地瞪着她，一丝欢迎的意思也没有。

"这就是拿破仑，全家最坏的孩子。"父亲这样介绍道。而他的继母则把手放在希尔的肩上，看着他，眼里闪烁着光芒。"最坏的孩子？一点儿也不，他是全家最聪明的孩子，我们要把他的本性诱导出来。"

继母造就了希尔，他一辈子也忘不了继母把手放在他肩上的那一刻。

一次鼓励就是给孩子创造了一次机遇。女孩需要鼓励，需要信心，就如同植物需要浇水一样，如果离开了鼓励，那么女孩就不会取得进步了。记得威廉·詹姆斯也曾说过："人性中最深切的本质，就是被人赏识的渴望。"而事实也是如此。

在现实生活中，没有一只狗会在打骂中学会站立，没有一个孩子会在批评中产生学习的兴趣，没有一对情侣会在相互指责中增加彼此的爱意，也没有一对朋友会在嘲笑中增进友谊。

人人都需要鼓励，鼓励是一种心灵的安慰，鼓励是源源不断的力量源泉，鼓励是对女孩真挚的爱，鼓励还是一种执着的肯定。在鼓励的支撑下，女孩会一点儿一点儿做到最好。

△ 妈妈们要学会鼓励自己的女孩。

学会由衷地鼓励自己的孩子十分重要。不要经常给女孩施加压力，而是要营造一个轻松的成长氛围。当女孩越是自卑或者不如意的时候，就越是需要鼓励和欣赏。过火的指责和粗心的淡忘，只会给女孩的内心造成极为不好的负面影响。

△ 妈妈要鼓励女孩尊重自己。

虽说女孩能够生长在这样的大好时代是她们的福分，但是，对女性的贬低这样的历史传统轻易不会消失。女孩应该是要自豪地成长，千万不要因为自己的性别而感到羞愧。作为妈妈，应该帮助女儿树立诚实正直感，让她能够对自己的判断能力有信心，并鼓励她强化自己的个性，而不是"随大溜"的那一种。

第四章

如何听女孩才会说，怎样说女孩才会听

营造温暖的交流氛围

多听听女孩的想法

物质生活条件越来越好的今天，不少女孩的成长却出现了"三大三小"现象，即生活的空间越来越大，生长的空间越来越小；房屋的空间越来越大，心灵的空间越来越小；外界的压力越来越大，内在的动力越来越小。

这些奇怪的现象，应该引起父母的注意，给女孩自由的成长空间，并不是一句空话！

随便找一个学校的校门口等着，一到上学、午饭、放学的三个时间点，一定会有很多家长聚集在学校门口等候自己的女孩。

家长们纷纷感慨，"现在的孩子真是不听话，补习班昨天又没上""孩子们越来越不好教育了""电视上的那些学习机，对我们家孩子不管用"……

真的是孩子们越来越难教了吗？还是我们的教育方式出现了问题？

程君今年7岁了，刚开始读小学。

一次，程君在姨妈家认识了一个新朋友玲玲，她比自己小半岁，但是已经学习舞蹈三年了。玲玲在家长的鼓励下表演了一段拉丁舞，这下刺激了程君妈妈的神经。

"我们的女儿成天像个男孩子，和小区的孩子们打打杀杀，不成样子。我看见老马家的女儿去学舞蹈了，跳得很有气质，不然我们也送女儿去学习？"

和爸爸商量之后，妈妈马上就给程君报了舞蹈课。

但是天生好动的程君根本不听老师的指挥，不仅上课讲话，学习也不专心。不到两周，程君就说什么也不上辅导班了，妈妈在家里急得直跺脚，但眼前的"假小子"一点改观都没有。

妈妈将程君送进学校，本来是想早点培养女儿的气质，但孩子就这样被糊里糊涂送进了培训班，属于自己的课余生活突然被打乱了，因而学习的积极性也不高，妈妈想要达到的效果也完全不能达到。

程君现在正是好动的年纪，要让她安静下来，除非把她的注意力集中，寓学于乐。如果不考虑女孩现阶段的特点和兴趣爱好，盲目地将女孩送进培训班，并不能解决任何问题。

送女孩上培训班是如今的家长为女孩安排课余生活的首选。的确，很多女孩从班上学到了知识，但是女孩的心灵却没有因此而变得成熟丰盈，到头来心灵还是没有得到足够的发展空间。

许多家长将培养女孩的重点放在增长知识上，为了让女孩学习，家长们不惜节衣缩食，尽一切力量来改善女孩的学习环境。

父母纯粹的爱是什么？其实非常简单，如果真的想要女孩成长和学习，就给她空间，让她朝着健康、能干和情绪稳定的方向发展，这才是爱的真正意味。

但是父母现在的情况是，以管教和约束为方式来养育女孩，这与爱的本意背道而驰。

薇薇今年高考，成绩还不错，可以挑一所重点大学。

这本来是皆大欢喜的事情，但是她整个暑假都过得不开心。原来，一家人在填报专业上发生了很大的分歧：薇薇想学自己感兴趣的教育学，但是父母总觉得新闻专业更适合女儿，他们希望她成为一名记者，于是坚决主张薇薇报新闻专业。

"这是你的人生大事，爸爸妈妈有经验，你就听我们的，我们绝对不会害你。"妈妈开导薇薇。

"正是因为这是我的人生大事，我才一定要坚持学自己喜欢的专业。你们总是说我没有经验，但是你们给我锻炼的机会了吗？从小到大，哪一次不是你们决定的，这一次我绝对不让步！"

最终，薇薇还是没能拗过家长，双方各做让步之后，薇薇报了一所离家最远的大学的新闻专业。

薇薇的反问值得家长深思。很多时候，家长都是因为"为了孩子好"这个想法，剥夺了孩子成长应有的空间，让孩子在父母设计的世界里成长。

给女孩一个成长的自由空间，是现代教育家们共同呼吁的一项理念，其中就有著名教育家蒙台梭利。蒙台梭利将"自由教育"列入自己的基本理念，称这样的教育方法是"以自由为基础的教育法"。

正如蒙台梭利所主张的，让孩子拥有自由，首先是让他们领悟到纪律和秩序的重要性。怎样让孩子区别好坏，唯有说教显然是达不到目的的。

对女孩管教过严，就像养在鱼缸中的热带金鱼，三寸来长，不管养多长时间，始终不见金鱼生长。女孩在父母的"鱼缸"中永远难以长成大鱼。要想女孩健康苗壮地成长，一定要给女孩自由活动的空间，而不让她拘泥于一个小小的父母提供的"鱼缸"。随着社会的进步，知识的日益增加，父母应该克制自己的想法和冲动，给女孩自由成长的空间，让女孩健康顺利地成长。

△ 帮助女孩养成凡事自己决定的习惯。

从一些小事情上就让她自己去做决定，并让她承担因为自己的决定而带来的各种结果，久而久之，即使女孩在面对选择大学专业这样的问题时，家长也可以放心地说："这是你自己的事，你自己决定就好了。"

△ 家长要尊重女孩的想法。

女孩有自己的想法，作为家长我们要给予支持和鼓励，而不是要经常泼她的冷水。家长真诚的鼓励会让女孩更加乐于分享自己的想法，有利于建立一个民主的家庭氛围。同时，家长也不要总是一副高高在上的姿态，要相信我们未必比我们的女儿更出色，不管是现在还是将来。

不要太介意孩子的"顶嘴"

能够同父母进行争辩的女孩，她在以后的人生道路上会表现得比较自信、有创造力和合群。父母千万不要介意女孩"顶嘴"，而是能够审时度势，并加以耐心引导，使争辩变得更加有意义。

有一位妈妈抱怨说："最近我女儿特别爱顶嘴。比如，在从学校回家的路上，我们到一个公园去玩了一会儿。当我说'咱们回家吧'，她不干，还会反问我：'为什么我非要听你的，而你就不能听我的？'女儿特别喜欢小动物，总想养一只小狗，我不让，说小狗身上有细菌。但是她却说：'你说得不对！电视里说过，小朋友和小动物多接触可以提高抵抗力。'每当这时候我都会很着急，但是又不知道该怎么对待孩子。"

争辩能够帮助女孩变得更自信和自立。在争辩的过程中，女孩会感受到自己受到重视，知道怎样才能贯彻自己的意志力。那么，当您的孩子"顶嘴"时，您是不是会做出如下的反应呢？

女孩的突然"顶嘴"，让您在感到气愤的同时是否反省过自己对于女孩的态度应该改变一下？

在与女孩发生争辩时，您是否注意控制自己的语气与耐心，给女孩以空间让她发表自己的观点和意见，之后再加以合理引导？

随着女孩一天天长大，有的家长渐渐觉得女孩不如以前听话了，变得难管了。无论大事小事，动不动就与家长顶嘴，家长说东，她偏说西。这令家长感到十分为难和恼火。女孩顶嘴该怎么区别对待呢？

实际上，女孩的顶嘴是有其原因的，随着年龄的增长，当女孩进入青少年时期，就已经具备一定的独立思考能力，所以，从这时起，她们不再愿意别人把自己当作小孩子来看待，不愿意处于被照顾的从属地位。这时，如果对女孩有过多的干涉，就可能出现两种结果：一种是与成人对立，干脆一切都不听你的；另一种是影响独立性的发展，养成依赖性，形成依赖的不良习惯。

中国的父母由于受千百年传统观念的影响，总觉得小孩子见识少、阅历浅、不成熟，形成了"父母说话小孩子听"的定论，不少父母要自己的女孩必须"言听计从"，否则就认为有失父母威信和尊严。

德国汉堡心理学家安得利卡·法斯博士通过多年的实验观察后证实：隔代人之间争辩，对于下一代来说，是走向成人之路的重要一步。能够同父母进行真正争辩的女孩，在以后会比较自信、有创造力，也会更加合群。

女孩在与父母争辩的时候，往往是她们最为得意的时候。这样做对于她们来说至少有两个好处：一是当女孩最来劲、最高兴、最认真时，对她们的大脑发育是有好处的；二是这样可以营造家庭的民主气氛，增强女孩各方面的能力。这样的女孩会具有很强的交际能力和其他方面的能力，对将来的发展是大有好处的。

总之，如果一个女孩从不与人争辩，总是与世无争的样子，那么，她的勇气、智商、口才、进取心、自信心等就值得怀疑了。因此，从某种意义上说，争辩是女孩的一门必修课，而这门课最好在家里进行。在争辩的过程中，父母要有热心和耐心，让女孩在争辩中不断成长。

△ 不要把和女孩争辩当成丢面子的事。

有的父母之所以受不了女孩和自己争辩，原因就在于他们觉得这样是对自己一家之长的权威的挑衅。父母们应该树立一种观念，要允许女孩和自己争辩，因为这并不是什么丢面子的事情。父母如果认为女孩争辩的话，就会不听话，不尊重父母的选择等，其实这样的想法是多虑的。

△ 家长要为女孩的"顶嘴"而感到高兴。

家长大可不必为女孩顶嘴而生气恼火，倒不妨为此而感到高兴。因为女孩开始顶嘴就意味着她已经长大了，并且有了独立思考的能力，这不正是家长所期盼的吗？有的父母不能接受女孩顶嘴的原因是担心自己的权威受损。父母不要总按原来女孩三四岁时的标准来要求已经长大的女孩，应该认识到：屈从的时代已经过去，取而代之的是说服的时代。

为自己的错误向女孩"道歉"

父母如果做错了事，从不向女孩承认自己的缺点、过失，女孩就会产生"父母说的永远正确，但实际上老是出错"的观念，久而久之，对父母正确的教诲也会抛之脑后。

父母如果在做错事后总能郑重地向女孩认错、道歉，女孩就会懂得承认错误并不是一件可耻的事，就会提高分辨是非的能力，尝到原谅别人的甜味。

"花花，我和你讲了许多次要守时守约，否则会浪费别人的时间，也给别人留下不好的印象，你不这样认为吗？"

"的确不好，不过，也没有什么大不了的。"

母亲有些生气了："怎么能说没什么大不了呢？你养成这样的毛病，长大会怎么样呢？还有谁会信任你呢？"

看见母亲生气，花花也有些沉不住气了："你是大人了，不是也过得很不错吗？没见你有什么麻烦呀？"

"你是什么意思？"母亲没想到话题会转到了自己身上。

"你大概忘记了，好几次你答应来参加我们学校的活动，我都告诉老师你会来，你却到活动结束了都不见人影。"

"那是因为我临时工作上有事情，而且那些活动也不是一定非参加不可……"母亲注意到女儿不屑的、甚至有些讥讽的表情，尴尬地停住了。

接着她说："花花，我没有意识到自己的行为对你造成的影响，我当时的确有急事不能来，但我应当事先或事后向你解释一下，甚至去向你的老师解释，我真的很抱歉，你能原谅我吗？"

花花有些感动："没关系，我知道你很忙。下次打声招呼就可以了。"

"你们下一次家长座谈是什么时间？我一定把工作安排开。当然如有意外我会和你联系，好吗？"

"谢谢！"

父母就是女孩行为的榜样，当然父母也不一定是完美无缺的，也会犯错。当父母犯错被女孩指出时，及时真诚的道歉是至关重要的。

不少父母认为自己是"一家之主"，需要保持自己的"形象"与"威信"，因此不愿意甚至从来都没有想过在女孩面前承认自己的缺点和错误。比如说：有些父母明明知道自己做错了事，冤枉了女孩，或者说误导了女孩，还总是想着给自己护短，不当回事儿。这就违背了做人的基本原则，也是家庭教育之大忌，次数多了，父母就会在女孩的心目中失去威信，更不用说让她听从你的教导了。

比如当女孩"闯祸"后，一些父母由于一时冲动，往往会对女孩进行不恰当的、过重的批评或惩罚，事后又往往会后悔。这时，倘若父母能真诚地向女孩道歉，补救自己的"过失"，不仅能够使女孩心悦诚服，而且还会更加乐于接受父母的批评，引导她更好地发展。

有一位母亲回忆说：

自己的女儿今年12岁，暑假才读完小学。虽然我很疼爱她，但在她12年的学习、生活里，我还是因为她的一些过错打过她几次。每次挨打，都是她表示"痛改前非"之后我才罢休，从来也没有为此自责过，还常常为自己"教女有方"而沾沾自喜。近日，因为一件小事我一时冲动又打了她。但这次女儿却没有逆来顺受，而是出人意料地一边哭，一边跟我讲理，直到我感到理屈向女儿道歉后，这场"风波"才宣告结束。

又一次我在看电视的时候，女儿突然喊我，说有几道填古诗题答不上来，要我帮她解答。我便过去坐在她的写字台前看了看题，顺手拿起了她的自动铅笔往上面填写答案。但我马上把注意力集中在这个自动铅笔上，这种铅笔外表看似一种一次性的自来水笔，在笔的顶端可以安装与之配套的"铅"，省去了传统铅笔削笔的劳作，可能是这种原因，现在的孩子们都很喜欢使用这种铅笔。但这种铅笔的铅杆很细，稍一用力就会折断，孩子很难练好字。

因为我的这种想法，我曾多次要求女儿不要再使用这种铅笔，但女儿一直坚持使用。由于不是什么原则问题，我也是说说就算了。谁知当我拿起笔去填写答案时，铅笔"嘭"的一声断了，随着铅笔的折断，我的火"腾"地冒了上来，几乎是同时，"啪"的一声我把铅笔摔在了写字台上，并大声呵斥正高高兴兴地在地板上自己下围棋的女儿："我说过多少次了，不让你用这种笔，你还是用！"

受到惊吓的女儿看到我把她的笔摔了，还大声训斥她，突然一边哭，一边跟我讲理："你摔我的笔干啥？你为啥摔我的笔，这是我花14块钱买的……"

尽管女儿的哭声和表情充满了对铅笔的疼爱和其命运的担心，但看到女儿不服管教，我还是火冒三丈，一步跨到女儿跟前，照屁股上就是两巴掌。

看着女儿哭得更凶了。这时我想起第二天上午女儿要参加初中升学考试，心里想，今天打她合适吗？要影响她明天的考试怎么办？但做父亲的面子又放不下来，就气冲冲地告诉女儿："笔摔坏了明天我给你买！"

女儿胆怯地望着我，但明显地不服气，继续哭着说："买到又怎样，我到初中就不再使用这种铅笔了。你知道吗，这是我小学时期使用的最后一支铅笔，我还要用来作纪念的。你再买还是这一支吗……"

听到女儿这样说，倒使我意识到了问题的严重性。我隐隐感到自己摔坏的不仅仅是女儿的一支普通的铅笔，而是女儿对小学生活的深深眷恋和梦想。

我终于对自己的"情不自禁"开始后悔了。

实际上，人类就是在不断地犯错误并且不断地改正错误的过程中取得进步的，所以，作为父母不妨坦陈自己的缺点或错误。

有一位母亲在教育自己的女孩时，曾经多次将自己在成长过程中犯过的错误告诉女孩，并详细地分析主客观原因，尤其是分析自己的一些缺点在产生这种错误中所起的作用，其目的就是让女孩在今后的人生道路上不再和她一样，以类似的个人"缺点"犯同样的"错误"。

每位家长身上都蕴含着改变女孩命运的神奇力量。当你自己从内疚、自责和愤怒中解脱出来的时候，你也解救了你的女孩；当你终止了旧的家庭模式给你的束缚时，你就等于给自己、给女孩一份厚礼。她会记住自己的父母是如何勇敢地对待自身的缺点，这种勇气与坦率会鼓励女孩做终生的探索与自我培养，而不至于迷失方向。

△ 家长可通过道歉帮助女孩树立信心。

父母应该意识到：当自己向女孩道歉时，就等于在教女孩相信她自己的洞察力。如果父母不停地批评她、辱骂她，女孩就会形成一种对生活本质甚至是对世界的负面看法。作为父母应该让女孩懂得，任何人都会犯错误，即便是父母也一样，每个人都要对自己的错误负责。通过道歉，家长塑造了自己关爱他人的行为模式。

△ 主动地向女孩道歉。

比如，当家长犯了错误，即便是不太严重的错误，事后也一定要向女孩道歉。答应了女孩的事情如果做不到，则马上向女孩说明原因，以得到女孩的谅解。在道歉的时候，态度应当郑重和真诚。

说女孩想听的，听女孩想说的

80：20，与女孩对话的黄金法则

不知道家长们是否经历过这样的情况：当你拖着疲惫的身体，努力地打起精神，准备和女孩好好沟通的时候，但不是被女孩三言两语打发了，就是被噎的半天回不过神来。不但不能达到了解女孩的目的，还惹了一肚子气，以致逐渐丧失了和女孩谈话的兴趣。家长们会感觉到自己越来越不了解女孩，越来越不知道该怎样教育女孩。因此，父母们一定要学会与女孩交谈的技巧，而这个技巧，就是有名的80/20法则。

1897年，意大利经济学家帕累托偶然注意到了英国人的财富和收益模式。他发现，社会上的大部分财富被少数人占有了，而且这一部分人口占总人口的比例与这些人所拥有的财富数量具有极不平衡的关系。于是，帕累托从大量具体的事实中归纳出一个简单而让人不可思议的结论，如果社会上20%的人占有社会80%的财富，那么可以推测，10%的人占有了65%的财富，而5%的人则占有了社会50%的财富这样，我们可以得到一个让很多人不愿意看到的结论：

一般情况下，我们付出的80%的努力，也就是绝大部分的努力，都没有创造收益和效果，或者是没有直接创造收益和效果。而我们80%的收获却仅仅来源于20%的努力，其他80%的付出只带来20%的成果。

显然，80/20法则向我们揭示了这样一个道理，即投入与产出、努力与收获、原因与结果之间，普遍存在着不平衡关系。小部分的努力，可以获得大的收获。起关键作用的小部分，通常就能主宰整个组织的产出、盈亏和成败。

所以，在做事情的时候最好是把自己的精力花在重要的少数问题

上。因为解决这些重要的少数问题，你只需花 20% 的时间，即可取得 80% 的成效。而和孩子谈话，亦是如此。

家长和女孩能够顺利地交流思想，对于相互之间保持良好关系非常重要，任何一个家长都希望女孩能跟自己讲讲她们内心的感受，这样家长就可以理解和帮助她们了。但是，有多少家长能够保持经常和孩子交流呢？

得到的回答常常是："当然啦，我们经常说，可她一点也不听。"

其实，家长们所谓的交谈，其中很大一部分是唠叨，批评、说教、哄骗、威胁、质问、评论、探察、奚落……这些做法不管出发点是多么好，都只会使亲子间的相互关系更加紧张和充满敌意。试想，如果女孩是你的朋友，你总是板起面孔不管不问地说一大堆，那么你们的友谊还能维持多久呢？

家长要想收到最好的交谈效果，最好的方式是根据女孩的年龄和成熟程度把握好谈话的"度"。美国著名的成功学大师在教导人们怎样对话的时候，建议人们把 80% 的时间留给对方来发言，把剩下的 20% 的时间拿来提一些能够启发对方说下去的问题。可以说，对话的过程重在倾听，而家长们更是要懂得这个法则。

家长们常常犯一个重要的错误，就是他们说得实在是太多了。他们过早地对女孩进行长篇大论式的谈话，并且还常用一些女孩听不懂的词。那些在女孩很小的时候就开始对她们讲大道理的家长会发现，随着女孩的年龄增长，她们会变得越来越不好管教。当她长到十几岁时，她的妈妈又试图用严厉的惩罚来对待她，但是已经听惯了大道理的女孩甚至比一般的女孩更不能接受这种惩罚。

△ 对待年龄小的女孩，侧重于管教。

如果女孩只有两岁，家长们肯定无法向她解释清楚电源为什么是危险的。如果看到女孩的手已经伸向了电源线，家长要赶快用猛力把她的手拉开并且对她说"不可以，危险"，这样的做法会使女孩更加清楚家长的意思。

△ 对待年龄大的女孩，则侧重于管教。

如果家长不对一个 13 岁的偷偷抽烟的女孩详细地解释尼古丁的害处，而是简单地责罚她，并不能收到很好的效果。在这些女孩的心理世界中，她们需要大量的空间去表达自己，需要耐心的听众，家长们一定要多多倾听，让她们说出自己的想法，并且及时解答她们的疑惑。这就像大禹治水，重在疏导，而不是想办法用东西堵塞。

三思而后言，不在气头上说话

妈妈和客人正在客厅聊天，女孩拿着试卷走上前来。"又考那么低！看看这分数！还好意思拿到我面前，真丢人！"妈妈抖着哗哗作响的试卷，像在寻求客人的同情。客人略显尴尬。

"看书去！怎么还不去！你真是笨得够呛！"

看到女孩没有动静，妈妈更加生气："我说错了吗？一直都这样，我看是改不了了！我也不报什么希望了！"妈妈气愤失望的表情让女儿无地自容。

生活中总有这么一次又一次愤怒的时候，于是伤害女孩的话也随口而出。

"女孩还小，一两次考得不好是正常的情况，别这么说她了。"面对客人的担忧，妈妈说："小孩子不说她就不懂，非得我来骂她两句！"

其实年龄不是评判的标准，家长看似无意的言语其实已经渗透到孩子心灵深处了。

"孩子就得经常说，要不就忘，你看上次我跟她老师提了一次她尿床的事，以后不是再也不尿了吗？六岁的孩子，说出来我都觉得丢人。"

自己尚且觉得丢人，更何况是作为当事人的孩子，不仅要忍受母亲的唠叨，还要承受自己被当众揭短的难堪。

"你看看你，笨手笨脚还老忘东忘西的，上次打碎水杯，这次又丢了鞋！有哪件是好事啊？"面对一屋的客人，妈妈的嗓门儿一点儿都不小。

对于女孩，妈妈总是忘记一个事实：她和我们一样，也是个独立的个体，是一个和我们一样有着自尊的"人"。

先来设置一个场景，假如在公司的年终舞会上，有一个同事突然大庭广众之下笑说"你的舞怎么跳得这么差啊，就像是大象在扭动""你唱歌可真是难听"时，你是怎样的反应？

实际上，你当众愤怒地揭女孩的短时，她此刻的感受和你假设的场景是没有区别的。

其实任何人都会犯错，家长的不宽容会让女孩日后也变得苛刻，对别人的要求也会更多。当众揭短，女孩容易自卑，甚至永远走不出家长对自己的描述和定位。或者有的女孩抱着"无所谓"的态度，破罐子破摔。既然已经这样了，大家也都达成共识，改了又能怎么样呢？

而且，因为家长一次又一次在气头上说的话，会使女孩认识世界的渠道发生倾斜。在成长初期，女孩往往通过家长这个窗口来认识世界，来完成和巩固对自己的判断。家长的当众评价无形中对女孩认识世界造成了一定的错误指向，女孩会认为这个世界苛求完美，不会保护个体的尊严。在以后的生活中，女孩也极容易将此要求延续到和他人的交往中，甚至以后自己组建家庭后，她的家教模式也会受到严重的影响。

最后，女孩的小心灵也会惧怕赤裸地暴露在众人之前。家长如果爱女孩就要真正地为她着想，停下嘴中的不满，尤其在众人面前。当问题出现时，家长不妨寻求解决的办法，这样远比批评有效。明确地告诉她，她做得不对，她要为自己的过错负责，建立了孩子的责任意识的同时又转移了自己的愤怒。

伟大的教育家洛克说："父母越不宣扬子女的过错，则子女对自己的名誉就越看重，因而会更小心地维护别人对自己的好评。如果父母当众宣布他们的过失，使他们无地自容，他们越觉得自己的名誉已受到打击，维护自己名誉的心思也就越淡薄。"

气头上的话，总是会放大过去的小抱怨，家长们千万要管好自己的嘴巴。

△ 家长们不要因为自己一时口快造成永久的伤害。

在家庭教育中，教育者的心态和教育的出发点直接影响着教育结果。所以不要因为她是你的孩子，就蛮横地在众人面前让她的缺点一览无余。或者因为无法掩饰你愤怒的情绪，就无辜地伤害女孩。女孩的自尊心有时就像是透明的玻璃物，碎了就很难黏合起来，伤害也许是永远的。

△ 家长要克制自己不要在盛怒的时候批评女孩。

有的时候家长也会明白女孩的自尊心非常敏感、不能伤害。但是有时候看到女孩还是老样子，就忍不住怒火攻心、恶语相向了。怎样避免这种情况？很简单，当你觉得自己在气头上的时候，就忍住怒气，离开女孩。当你有意识地躲避女孩，就会少说很多令她伤心的话。这也是一个无可奈何的解决方法。

女孩为什么不告诉你她在想什么

一位读小学的女生说，她很害怕放假："放假在家里，父母都上班了，只有我一个人在家，我很孤独也很害怕，没有人和我说话。爸爸妈妈回到家里，说的第一句话就是'作业写完了吗''这一天你都干什么了'，他们从不知道我在想什么。晚上睡觉我从不拉上窗帘，因为我要和星星、月亮说话。我很想上学，因为学校里有同学，和同学在一起我感到很开心。"她说她不敢把自己的想法告诉爸爸妈妈，她说："他们根本不了解我。"

听到这个女孩的话，家长会不会觉得心酸呢？既为女孩的苦处难过，也为自己做父母的失败而伤心。每个父母都爱自己的女孩，可是，如果女孩连想法都不敢和父母讲，这就是父母爱的结果吗？

很多家长不知道自己的女孩在校学习和表现的情况，不知道女孩最近又交了哪些朋友？女孩的零花钱是怎样花的，女孩晚上外出在干什么？跟谁在一起？女孩的星期天在干什么？"我根本不知道她在想什么？"这是家长们最苦恼的。可是家长为什么不知道孩子在想什么？原因在哪里呢？女孩为什么宁愿向外人倾诉，也不把心里话告诉自己的父母？做父母的难道不应该反省一下自己吗？

有一位家长说："我工作很忙，一天累到晚，孩子确实顾不上。没办法，我只能用物质来弥补，她想要什么我给她买什么，可是孩子在想什么我确实不知道。"有些家长是单位上的"顶梁柱"，忙得顾不了孩子；还有一些父母生下孩子后推给老人或者保姆照看，忽视了父母在孩子成长过程中的作用。这类家庭大多数孩子由于缺少父母在心理上、品德上、精神上的爱抚和教育，造成孩子缺乏爱心和同情心。现在有的孩子在物质上很富有，但是在精神上却相当匮乏。在孩子成长过程中，父母的理解和关爱绝对不是高档玩具、保姆，甚至各种辅导班老师能够替代的。所以，家长与其不惜花钱给孩子买这买那，送孩子学这学那，不如多抽出一点时间陪陪孩子，不要让孩子陷入"情感真空"。

还有相当多家长对孩子说得最多的是"要好好学习",中学以后,家长和孩子之间的谈话内容基本上是"学习"这一个主题。当孩子学习暂时出现困难时,有的家长不是积极鼓励,而是拿别人的孩子作对比,孩子敞开的心扉也许会因为家长的一次敷衍的应答或粗暴的对待而从此关闭。有些家长为了维护其尊严和权威,往往对孩子实行命令主义,总要摆架子、树权威,个性固执、作风专横。对孩子这也不是,那也不顺,孩子一开口就说她讲错了,孩子一动手,就说她什么都不会,对孩子过多地批评、指责,极少鼓励、赞扬。这种家庭教育方式让孩子怎么开口跟你讲心里话呢?

甚至还有些家长对孩子过于严厉,动不动就惩罚,罚扫地、做家务;罚不准吃饭、不睡觉;罚不准看电视、玩游戏。孩子稍有过失,动辄训斥,甚至打骂。这种粗暴惩罚的家庭教育方式造成孩子心理扭曲,性格冷漠,不要说跟家长沟通了,严重的会使孩子出走,交上坏朋友,走上截然相反的道路。因为孩子在家庭里得不到温暖,得不到尊重,得不到幸福,稍有诱惑,就会被坏人利用,受骗上当。

反省了自己的所作所为,父母们还能埋怨女儿与自己疏远吗?

和女孩交谈时,家长们尽量不要评断或批评她们所说的任何事情,因为没有必要把女孩提到的每一种生活经验,当成是她应有所警惕的事情。假使家长在和女孩交谈时出现争辩、咆哮、喋喋不休、火气十足等情况,那么亲子之间的沟通也将因此受阻。

很多时候,关切女孩的感受更甚于给她们忠告。比如,家长可以这样问女孩"你看起来很生气",或者"你好像有点不好意思"。类似这种说法,可以让女孩知道家长正在关心她们,也因此促使她们愿意开口说话。

一旦女孩打开话匣子，家长们一定要用心聆听。可以把工作摆在一旁，关掉电视机或者放下手头正在做的事，纯粹和她们交谈。只要家长的关心恰到好处，女孩一定会打开她的心扉。

△ 巧用时间和女孩进行沟通。

当家长和女孩坐在餐桌旁、房间里，或者和孩子单独相处时，这正是家人畅谈一天大小事情的最好时机。如果女孩年龄还很小，家长可以利用她们就寝前的这一点时间，和她们讲悄悄话，亲热一番；要是女孩的年龄较大，家长也可以利用这个时候，心平气和地和她们就某事进行沟通。

△ 多用些心思，多了解女孩。

如果家长们想提供给女孩有益的指引，就得了解她们生活状况的方方面面：她有哪些朋友；她和朋友在一起的情况；她在校学习情况；她和老师的相处状况；她有哪些兴趣；她有哪些困难……只要家长用了心，关心得恰到好处，女孩很容易会向家长打开她的心扉的，毕竟，她们有时需要家长的关爱和帮助。

当女孩提出你无法解答的疑惑时

游戏使女孩的综合能力大大增强，并且对新事物的好奇心也会被激发，尤其是到了快要入学的年纪时，女孩可能会变成一个"十万个为什么"，遇到任何事情都喜欢问"为什么"：

"为什么有的豆子是青色的，有的却是黄色的？"

"为什么我早上刷牙在吃饭前，晚上刷牙在吃饭后？"

"为什么妈妈穿裙子，爸爸从来不穿？"

"为什么别人在看漫画，我却要在家里画画？"

一般的家长都会感到不胜其烦甚至是招架不住，就算有耐心的家长，也未必有能力一一解答女孩的问题。当女孩提出家长也不知道的疑问时，怎么办呢？

父母们一般会这样想：如果在女孩面前暴露出无知，就会威严扫地，这原本是人之常情。因此即使父母不知道问题的答案，也会编出一套说法，或者说"你以后就会明白了"，敷衍了事。

家长这样的心理可以理解，但是不能提倡。其实，父母在女孩心中的威严并不完全建立在"博闻多识"这一条上。对事情的态度、对女孩的信任和尊重、在工作上取得的成绩、夫妻之间的评价都会影响到女孩对父母的认识。如果一位爸爸在平时的生活中很积极，面对家庭的困难也毫不气馁，对妈妈和孩子都呵护备至，常常得到邻居的称赞，那他在孩子心目中就会有很好的形象，即便遇到问题不会回答，孩子也不会因此改变对爸爸的崇拜。

另外，承认错误固然是一种勇气，而承认自己的无知则更需要勇气。当家长在女孩面前真实地说出自己也不知道的时候，女孩与家长的距离或许会更近。让女孩明白世界上没有全知全能的人，即使是成年人也有很多不明白的事情，这样也可以避免女孩从小过于崇拜父母、长大后对父母失望的落差心理。

当然，承认自己不知道还只是回答问题的第一步，如果就说一句"我也不知道"然后就走人了事，确实会让女孩感到失望。怎样弥补无语的状态呢？当女孩的提问兴头在没有回答的情况下大减时，家长们不妨说一句："虽然我现在不知道答案，但是我知道在哪里可以找到答案。让我们去图书馆寻求神秘的答案吧！"听到家长的这番话，女孩会马上兴奋起来，想去图书馆探个究竟。

陪女孩发现问题、探讨问题，答案是什么并不是最重要的，关键是让女孩练习独立思考、判断的能力，学会运用资源去解决问题，她才能享受明白事理的喜悦。

美国一位科学教育学者罗维在 11 岁时，跟着科学班去参观普林斯顿大学，他在喷水池前碰到当代第一物理学家爱因斯坦。

爱因斯坦伸出手指上下晃动，有好几分钟，然后转过头来问罗维："你能这样做吗？能看出一滴滴的水珠吗？"罗维模仿爱因斯坦，伸出手指上下晃动。忽然间，喷水池的水柱似乎凝住了，成为一滴滴的小水珠。两个人站在那儿有好一会儿，练习频闪观察术。爱因斯坦要离开时说："千万别忘记，科学只不过是跟这差不多的探索和乐趣。"

随后将近半个世纪，罗维致力于把爱因斯坦这句话转告给全世界的大人和儿童："儿童本来是天生的科学家，直觉渴望研究周围的世界。你不需要许多科学术语或昂贵的实验仪器，只需跟他们一起寻根究底就行了。"

家长总认为孩子什么都不懂，其实，孩子的心灵深处绝对不是一片空白，尽可能地将你知道的道理用简短的话解释给孩子，就能激发他心中的思维系统。当他有疑惑的时候，你可以告诉他："为什么不听听老师的说法"，"你尽量去理解，也不用着急，以后会有很多机会来学习的。"这绝不是逃避责任，而是在为孩子缓解无知的焦虑。

独立解决问题的能力是拉开人与人之间的差距的重要指标。当孩子向你提出难以回答的问题时，不要回避或假装知道，尽管把真实的情况告诉他，让他学会独立去解决问题，这样的孩子才能成长得更扎实、更健康。

△ 自己不懂的问题不要向女孩乱讲。

有的家长遇到女孩提的问题确实不知道如何解答，但是如果告诉女孩自己也不知道呢，实在是觉得面子上过不去，该如何是好呢？这个时候，我们不妨帮助女孩转移一下注意力，告诉她说："你提的这个问题，我知道哪里有答案，我们一起去图书馆，我去帮你找找答案，怎么样？"这个时候，女孩一定会高高兴兴地请家长当"领路人"。

△ 鼓励女孩提出问题。

爱提问题的孩子，一般都是善于思考的。所以，家长们千万不要打击女孩提问题的积极性，如果家长经常说"你脑子里想的都是什么乱七八糟的啊"或者说"你怎么总是这么多废话啊"，这些话会刺伤女孩的自尊心，并且会使她不再愿意发表自己的古怪想法，对她的成长是极为不利的。作为家长，更应该鼓励女孩多提出问题，并且赞叹她的奇思妙想。

让女孩在平等的氛围中表达

帮助女孩合理宣泄感情

女孩是天真无邪的，她们的喜怒哀乐很真实，也很强烈，这往往直接支配着她们的行为。同成人一样，女孩常常利用多种情绪来表达自己的需要与愿望。烦恼、挫折、愤怒这些侵犯性情感是点燃攻击性行为的导火线。因此，父母和老师应当更多地体察和理解女孩的情绪变化，为她们创造一定的条件，帮助她们将这些不良情绪发泄出来。

很多父母都认为，女孩没有太多学业上的负担，不愁衣食，受到的照顾无微不至，她们不会有什么压力。怎么会抑郁呢？其实，现在的女孩在得到铺天盖地的爱的同时，却越来越失去了随心所欲地玩的自由；在得到大量玩具的同时，却失去了与父母拥抱、游戏和谈话的机会；在幼儿园，教师与女孩、女孩与女孩之间有时会有一些矛盾发生，如受到批评、不能与小朋友友好相处，这些都会使女孩产生压力感。

在女孩的眼里，这是一个陌生的世界，每天都会有很多新的事物发生。女孩正以惊人的速度吸收各类不同的信息，结果她每天都发现很多不可理解的事情。爸爸妈妈可能会离开一段时间，不知去了哪里，还会不会回来？白天在街头看见一只大黑狗，晚上睡觉时就会想，狗会不会趁我睡觉的时候走进我的房间咬我呢？或者会不会有魔鬼躲在我的床底下呢？妈妈送我上幼儿园，爸爸、妈妈都不去，为什么我要去呢？幼儿园是什么地方？这些忧虑使女孩不安和恐慌。

有的女孩在小小年纪就遇到了感情上的重大打击，如亲人去世、父母关系紧张或离异、考试失利（特别是未考上理想的学校）等，往往会出现情绪上的强烈反应。此外，学习成绩不好，长相不出众，总认为自己处处不如人，不受老师重视，不引人注目等，也会使女孩产生一种失落感。

抑郁使女孩感到孤立、恐惧和不快乐。女孩抑郁起来并不知道自己哪里不对，只知道自己的感觉糟透了，不像以前的自己，心里的那种感觉会越来越糟糕。甚至有一些女孩还会通过饮酒、上网聊天、吸毒等来排解抑郁，但是这样的结果往往会使她们的抑郁加重，还有一些人试图自杀。

在日常生活中，父母要培养女孩开朗、自信、合作的性格，与女孩建立互相平等、互相尊重、互相信任的关系。父母不以家长的权威强迫、压制女孩，尊重女孩的意见。当女孩从父母那里体验到父母对她的尊重时，她就懂得了要尊重别人。

即使当女孩发生了比较激烈的事件时，父母也不能用简单粗鲁的方式处理，这会使女孩萌生愤怒感，非但不能解决问题，而且会造成破罐子破摔的不良后果。这时，父母应耐心地与女孩沟通，倾听女孩诉说，减轻女孩的心理压力，同时要帮助女孩正确地面对事件，妥善处理好与同伴的关系。

△ 父母应该帮助抑郁的女孩缓解情绪。

尽管并不是每个女孩都有患抑郁症的可能，但也应该引起父母的特别警惕。当女孩遇到困难、情绪压抑的时候，我们应该及时告诉女孩，不要把烦闷锁在心里，有不开心的事情要说出来。此外，还可以教给她一些宣泄情绪的小窍门，比如让她大哭一场，或者做一件自己喜欢的事情，还可以和好朋友倾诉等。

△ 帮助女孩找到发泄情绪的合理途径。

当女孩感到情绪郁闷但是无法发泄的时候，父母可以通过一些方法来帮助她们。比如说，可以让女孩用语言发泄情感，创设悄悄话角，当她们感到愤怒时，独自大喊大叫，舞动自己的手臂。又如：可让女孩通过运动形式表达情感，设立体育角，当她们想打人的时候，就打陀螺，用沙包击靶子，或戴上手套任意打击沙袋，也可任意在垫子上翻滚，这样使女孩将自己的情感发泄到一个合适的替代对象上，从而得到心理的满足。

不可以用命令的口气和孩子说话

在我们的周围，总会看到这样的现象：

"去，给我回家写作业去！"

"不准说话，赶紧吃饭！"

"今天必须去辅导班听课……"

在父母教育女孩的过程中，很多家长都忽略了，女孩是发展中的个体，具有独立的人格和鲜明的个性心理特征，在向周围世界学习的过程中，她们处于主体地位，是学习的主人，家长应培养富有创造性和主动精神的女孩，让她们在探索中发现，在发现中提高和成长。

因此，了解女孩、尊重女孩、激励女孩、诱导女孩是成功的教育方法，强迫责令，以成人为中心，往往使女孩被动，收不到好效果。命令的方式应慎用，绝对不能滥用。

对此，女孩家长在与女孩的沟通过程中要注意自己的方式，如何说女孩才肯听，如何听女孩才肯说呢？

仔细分析一下，女孩不愿意听从家长命令的原因，不外乎这几种：

1. 当女孩玩得开心之时，家长硬性命令女孩去洗脸，孩子不去，成人便强硬拖着女孩去洗，孩子很委屈，有时还大哭大嚷。其实，只要好言相劝，或能使女孩快快洗了脸又来玩，或稍等片刻再去洗，让孩子再玩得开心一些，这样反而更好。

2. 当女孩用手抓饭吃，妈妈打了一下手，女孩哭了，正在哭得喘不过气来之时，爸爸命令女孩"不要哭，闭上嘴"！女孩怎能一下子憋住这口气呢？纵然成人是一番好心去教子，但实际上起了摧残心灵、摧残健康的副作用，这种命令是女孩不能执行，听从不了，也不应该听从的。

3. 有时一些可听从、可不听从的命令搞多了，反而会强化女孩不听从命令的习惯。家长在命令女孩时，应该注意不多用、不滥用"命令"，一旦运用便要求女孩认真执行，鼓励肯定女孩执行命令的优点。"命令"要下在女孩有可能接受、有时间准备、又能尝试成功的点子上。尽可能让女孩会乐意去执行，而且会完成得挺好。当命令执行不好的时候，要帮助女孩检查原因，改正错误，并鼓励她下次完成好。

家长也可以尝试着把自己在工作单位执行命令的情况，编成小故事，讲给女孩听，启发女孩的学习和模仿。

家长只要根据自己女孩的特点，切忌忽视沟通的重要性，采取不同的方式来教育好自己的女孩，不能一味地命令，这样有的放矢、持之以恒，一定会取得良好的教育效果。

对家长而言，和女孩交流沟通绝对不是一件无足轻重的小事，它关系到家长与女孩之间的和谐关系，关系到对女孩求知欲的培养以及对其人格的尊重。但是遗憾的是：现代家庭教育中，与女孩的有效沟通总是被忽视。

父母应该重视与女孩的沟通，这样才能走进她的内心世界，知道女孩在做什么、想什么，才能更切合实际地为女孩的成长提供一个良好的环境。与女孩沟通就应该向对待大人那样对待女孩的提问。

这个时候，父母首先应意识到不能马马虎虎回答女孩提的问题，而要尽量拿出合乎道理的解答。大人采用有逻辑性的、科学的回答方式，是想让女孩能正确认识问题。但在女孩看来，无论对其作什么样的回答，都不能全部消除其疑问，因此，大人就没有必要一定坚持回答的正确性。

同时，很多人会问，如何用沟通代替命令，跟女孩成功地沟通呢？

教育专家给我们的建议如下：

第一，成功的家庭沟通，应该注意以下因素：理解、关怀、接纳、依赖和尊重。理解要求父母孩子双方能够设身处地地为他人着想；关怀不但存在于内心，更要切实付诸行动；接纳要求考虑到每个人的个性，懂得欣赏人们身上的优点；依赖是要做到既信任别人也信任自己；而尊重是指尊重他人特别是孩子的权利，尊重他们的意见和选择。

第二，要建立一种积极健康的家庭沟通交流关系，应该改变父母是决策人，孩子是接受者这样僵化的家庭角色的分配。父母在家庭教育中应该懂得进行角色交换，每一个家庭成员都可以对她表述的愿望予以积极的辩解。

当女孩能够参与讨论家里的通常是成年人的问题时，她方才能够更好地理解父母，而父母一方面可以调动孩子的主动性，使自己清楚地认识孩子的才干；另一方面可以得到有关自己教育的反馈信息。

综上，父母与女孩通过沟通，父母最后让女孩明白的是"理解、信任、承诺、准时"等观念的重要。通过沟通，最容易让女孩站在他人的立场上思考，也最容易让女孩养成理解他人的习惯。只有这样，女孩才有可能成为一个全面发展的优秀人才。

△ 家长要学会沟通的艺术。

这就要求我们做家长的要学会沟通的艺术。当你的女孩"倔脾气"上来时，不要一味地责骂，学会与女孩交朋友，因为在女孩面前我们不仅是父母，还是女孩的朋友。家长应该设法巧妙地从与女孩的对抗中解脱出来，不应该继续与女孩抗衡下去，在女孩缓过了顶牛情绪，心平气和之下，情绪良好之时，也会接受意见，改正错误。

△ 善于做自我批评的家长会使女孩心服口服。

如果家长的命令不合适，应该做自我批评，这样会使女孩心服口服。因为平等的亲子关系，会给双方以好的感受。如果不来个缓解过程，既伤了心，又伤了身体，大家情绪不好，甚至造成成人与女孩之间的隔阂。

"蹲下来"和孩子说话

成功的家庭教育，一定是民主的教育，与女孩平等相处，特别是交流的时候，最好家长能够蹲下来与女孩的目光平视，以平等的姿态与女孩相处，对女孩正确的想法和行为给予充分的肯定。

林俊访澳归来，那里的许多人和事仍历历在目，如一些家长蹲着同小孩子谈话，和孩子在一个水平高度上面对面地谈话，给他留下了很深刻的印象。

一个周末，学校的一位秘书尼蒂请他到她家做客，他又一次见到这动人的情景。尼蒂有一双可爱的儿女，当他们准备乘车一同去超级市场时，4岁的儿子因为姐姐先坐进汽车而不高兴，尼蒂在车门口蹲下来，两只手握住儿子的双手，脸对脸，目光正视着孩子，诚恳地说："罗艾姆，谁先坐进汽车并不重要的，对吗？"罗艾姆看着妈妈会意地点点头，钻进了汽车并挨着姐姐坐了下来。第二天上午，我们和孩子们去公园玩。当罗艾姆同姐姐跑跑跳跳，要到湖边去看戏水的鸭群时，不小心绊了一跤，眼泪在他的大眼睛里滚动着，马上要流出来了。这时，尼蒂又很自然地蹲下来，亲切地对儿子说："你已经不是小宝宝了，是不是？你已经是个大男孩了，绊一下是没关系的，对吗？"这时，林俊也学着在一旁蹲下来，面对着罗艾姆说："是的，你是个大男孩了，对吗？"孩子一下子就收住了眼泪，很自豪地玩去了。这时，林俊禁不住同尼蒂谈起了这样的教育方式。她说："与孩子说话当然要蹲下来呀！他们年龄小，还没有长高，只能大人蹲下来，才能平视着说话。在我小的时候，我的父母就是这样同我们说话的。我们认为，孩子也是独立的人，因为他们比我们矮一些，我们就应该蹲下来同他们说话。"

可是，在我们国内，却常常可以看到父母站在那里，大声呵斥孩子，"过来！别摸！""去！去！去！别烦我"，等等居高临下、命令式的语言语调。从说话态度来看，中国父母比美国父母威风得多，可在孩子心目中的父母，却并不可敬，反而使双方的沟通效果很不好。

其实，是否蹲下来与女孩说话，只是一种方式问题，重要的是在父母心中，是否把女孩真正当作和自己一样，具有独立人格的个体，这才是问题的本质。这会影响到家长能否以正确态度对待与教育女孩的一系列问题。

您是否也会蹲下身来与女孩交谈，有没有发觉女孩不愿意对您敞开心扉？如果发现她总是不愿与您交流，就该反省一下自己了：

看了文中尼蒂的事例，对这两位母亲的做法有何感想？您赞同她们这样做吗？

每次女孩有事要问，或是欲与之谈话时，您是居高临下、严肃地说话，还是俯下身平等地看着孩子说？

您认为家长有必要树立并维持家长的威严吗？

很多家长之所以与女孩交流的效果不好，就是因为家长与女孩交谈时，往往以长者自居，对女孩缺乏应有的尊重。大多数父母总喜欢把女孩当作小"豆包"，没有在情感上给她们公平的待遇。殊不知，女孩早已有了自己的思维与尊严，她们渴望与大人平起平坐，渴望大人把她们当作平等的个体来看待。

家长们已经习惯了站在成人的立场、成人的思维方式为女孩分析问题，告诉她们应该如何去做，这会使她们怯于亲身去体验。如果家长坚持认为自己的知识渊博，总是滔滔不绝地向女孩灌输，不厌其烦地纠正女孩的错误，就限制了女孩自己去积累知识的机会。而且这种认为女孩这也不行那也不行的态度，会极大地打击她们的积极性，使她们丧失自信。学会站在女孩的角度思考问题。家长将自己所要表达的爱，是要对方接受的，千万不可因"爱"而生"碍"。

父母要做到平等地对待女孩，就要抛弃那种居高临下与女孩谈话的姿态，而要蹲下身子，以平等的态度对待女孩，与女孩的目光平视。

人与人之间的交往需要在思想上和感情上平等交流，无论是蹒跚学步的女孩，还是已经上学的女孩，都有这种渴求。平等，不仅在大人之间，大人与女孩之间也需要平等。

纪伯伦说："孩子来自你的身体，但是不属于你……你可以给他们爱，但不能塑造他们的思想……你们是弓，你们的孩子是从弓上发出的生命箭矢。"

△ 教育女孩，首先要尊重女孩。

要教育女孩，首先要尊重女孩，在与女孩交流时要平等，在此基础上才会努力地去理解她的想法。这种平等的关系会使女孩愿意同父母交流，并能听得进父母的说教，这是做好子女教育的首要条件。为了做到这些，我们在对女孩的教育上要尽可能地多一些人性化，从女孩容易接受的事和有关的问题出发，给她提建议，让她明白哪些该做、哪些不该做。女孩最初受人尊重的感觉是从父母那里得到的，尊重别人的意识也是在日常生活中经过多次的训练、教育和不断地强化而逐渐建立起来的。而且只有那些能够得到父母的尊重与爱的女孩，才会懂得如何去尊重别人、爱别人。所以，家长请不要忽视女孩的"平等观"，爱她就要让她知道你很尊重她。应放下长辈的架子，蹲下身来与女孩交谈，而不要总给女孩"高高在上"的压迫感。

△ 用了解与希望倾听的语气与女孩说话。

家长们最好是用了解、希望倾听的态度与孩子们谈话，就是向孩子表示尊重她们的能力，尊重她们的独立性。尽管父母对女孩所做的许多事情认为不尽如人意，但是，也不能因此显出不屑一顾的样子，更不应该挑剔指责过多。作为父母，应这样和女孩沟通："我想听听你对这件事是怎样理解的？""让我弄清楚是不是理解你所说的。"如果家长肯丢掉成人的认识框架，愿意从女孩的角度来理解她们的世界，并给予引导，就会使她们通过自己的经验学到知识。千万不要以父母的权威压抑女孩。

第五章

破解女孩九型人格——找到属于她的那一格

你的女孩是哪类性格

通过女孩的外在探视内在

四个半月的小宝宝刚睡醒，躺在婴儿床上"哇哇"大哭，当妈妈刚把小宝宝抱起来把尿的时候，小宝宝就"哗哗"地尿开了。把完尿小宝宝还是大哭不止，妈妈便把小宝宝放在床上，将冲好的奶粉放入孩子口中，小宝宝立刻停止哭闹大口大口地吸吮起来……

宝宝的这种行为是逻辑思维的肢体外在表现形式。

小宝宝长到5岁了，在游乐园玩了一天的她兴冲冲地跑到爸爸妈妈身边大声说道："妈妈，我饿了，有什么好吃的吗？"

宝宝的这种行为是逻辑思维的语言外在表现形式。

当小宝宝长到8岁的时候，在学校参加了一天植树活动的她大步跨进家门，拿起桌上的苹果一边吃一边对妈妈说："妈，我今天干了好多活都快饿死了，先吃个苹果，家里还有什么吃的没？"

宝宝的这种行为被人们称为逻辑思维的综合性（语言＋肢体）表现形式。

当妈妈说："我今天工作很忙，下班没有时间去买东西，等会咱们就吃饭了。"小宝宝一看妈妈连菜都还没有择，委屈得眼里充满了泪水："哼，你连饭都还没做呢，我不管，我肚子饿。"说完就哭了起来，于是妈妈只好马上带着小宝宝去了小区外面的麦当劳。当小宝宝喝着可乐啃着汉堡的时候，高兴得直对妈妈说："妈，你太好啦！"

任何一个女孩，当她面对自己要表达的目的时，总会表现出自己的喜怒哀乐。不管哪种类型的表达方式，都有一个共同的目的，那就是都想透过自己的表达让父母了解自己的想法和目的。

女孩逻辑思维的表现方式和情绪表达是与生俱来的。这些表现方式最初可能只是女孩"抓""吸""哭"等本能的条件反射。随着她们一天天地长大，身体里积累的信息量不断增加，女孩们便开始尝试着用语言及情绪等更加高级的方式来表达自己的愿望。

有的父母看到女孩好奇地拿剪刀把作业本剪得破破烂烂，就大怒："你这孩子就是爱搞破坏。"看到女孩在墙角盯着一群蚂蚁发呆，就指着女孩说："看你这个没出息的样。"看到女孩大哭着非要和爸爸妈妈一起睡，就大声呵斥："这么大的人了，应该学会独立，自己去睡！"

父母常常不能真正理解女孩的行为，看到她做了一些"不合常理"的事，不问青红皂白就骂起来，就像上面列举的几种情况，但这些都是不可取的。

不管是女孩逻辑思维的综合表现，还是喜怒哀乐的具体体现，父母只有积极地去探寻这些问题背后的真实原因，透过现象看到女孩的真实渴望，才能顺应她们的思维发展规律去加以培养，有效地帮助女孩成长。

△ 父母要能冷静地看待女孩的一切表现。

就在父母那看似不经意的呵斥声中，女孩自身的一些隐性特质也许还没来得及呈现端倪就被抹杀掉了，严重者甚至会扭曲了女孩的成长。女孩某些反常的行为和变幻的情绪，其实是她们在积极地去尝试、去复制、去抓取一切可能的信息，为成长做准备。

女孩身上有趣的动物性格

大人们习惯在言谈中用某些比喻来形容自己的女孩：她们像大象一样严肃沉稳，她们像个兔子一样温柔可爱，她们像个猴子一样聪明活泼……其实研究起来，不光是这样的比喻，女孩的性格与动物的习性还真的是有共同之处的，这些共性被研究者们称为"动物性"。想了解自己女孩所隐藏的是哪一种动物性吗？做个测试就知道了：

1. 公车靠站，车上已经载满了人，下一班车要一刻钟后才到，孩子会怎么办呢？

◎不想再等下去了，再挤也要上车——请答第 2 题

◎人太多了，还是等下一班吧——请答第 4 题

2. 旅行途中的孩子突然头很痛，这时正好有热心人拿药给她吃，她会如何抉择呢？

◎说声谢谢后马上吃药——请答第 6 题

◎找理由拒绝对方的药——请答第 3 题

3. 某部电影让孩子很感动，她有何反应呢？

◎会跟身边的人讲故事情节，推荐给别人——请答第 12 题

◎将感动藏在心里，不与小朋友们分享——请答第 7 题

4. 一辆红色的面包车开到湖边，孩子会认为里面坐的是什么人？

◎一家人——请答第 3 题

◎歹徒——请答第 5 题

5. 画面上有一颗桃心，孩子会联想到什么呢？

◎爱心——请答第 12 题

◎扑克牌——请答第 8 题

6. 孩子的朋友说要去参加一个聚会，孩子会怎样呢？

◎要求带她一起参加——请答第 9 题

◎除非朋友主动说要带她去，不然的话就保持沉默——请答第 10 题

7. 和朋友一起逛商店，钱是朋友主动付的，好像花了不少钱，孩子会有什么感觉呢？

◎觉得过意不去，之后会跟好朋友平摊费用——请答第 10 题

◎朋友埋单天经地义，会道谢但不出钱——请答第 12 题

8. 参加同学会的时候发现自己最要好的朋友没有来，孩子会怎么办呢？

◎觉得很没趣，早早回家吧——请答第 13 题

◎硬着头皮敷衍到底——请答第 12 题

9. 孩子希望自己多少岁的时候可以成功？

◎ 21 ～ 25 岁——请答第 11 题

◎ 26 ～ 30 岁——请答第 10 题

10. 星期天在家，手机和座机同时响起，孩子会怎么办呢？

◎先接其中的一个——请答第 15 题

◎两个一起接——请答第 16 题

11. 如果孩子抽奖中了一栋别墅，孩子希望它位于何处呢？

◎海边或湖畔——请答第 14 题

◎小岛上——请答第 15 题

12. 拥挤的车厢里一位女孩子被人踩到脚了，孩子认为她的表情应该是怎样的呢？

◎疼得叫起来——请答第 16 题

◎非常生气，责怪对方——请答第 17 题

13. 跟孩子不是很要好的一个朋友请她吃饭，孩子会有什么感觉呢？

◎对方发财了——请答第 21 题

◎必然有事相求——请答第 17 题

14. 孩子的朋友送了一份孩子不是很喜欢的礼物给她，她会怎么做呢？

◎平静地说谢谢——请答第 18 题

◎假装很开心的样子——请答第 19 题

15. 门口的超市大打折，孩子会让你怎么做呢？

◎疯狂大采购——请答第 18 题

◎不一定要买什么——请答第 19 题

16. 孩子是否将人家送给她的东西转送给他人？

◎有过——请答第 19 题

◎从来没有——请答第 20 题

17. 一位小朋友单独在等出租车，凭直觉孩子认为他要去做什么呢？

◎去和朋友聚会——请答第 16 题

◎回家——请答第 21 题

18. 突然有人从背后重重地拍了一下孩子的肩膀，她认为这个拍她的人是男生还是女生呢？

◎男生——请答第 22 题

◎女生——请答第 23 题

19. 孩子比较喜欢喝冰红茶还是珍珠奶茶呢？

◎珍珠奶茶——请答第 18 题

◎冰红茶——请答第 20 题

20. 孩子和好朋友一起乘车，会主动帮对方买票吗？

◎会——请答第 24 题

◎不会——请答第 21 题

21. 对于酷酷的异性，孩子有接近的想法吗？

◎有——请答第 25 题

◎没有——请答第 23 题

22. 一男一女在街上牵着手走路，孩子认为他们是什么关系呢？

◎兄妹——A

◎好朋友——B

23. 玩家家酒的时候，孩子比较喜欢扮演爸爸妈妈还是小孩呢？

◎喜欢扮爸爸妈妈——E

◎喜欢扮小孩——C

24. 在游乐场玩耍，孩子比较喜欢玩以下哪一个游乐项目呢？

◎摩天轮——F

◎秋千——D

25. 孩子跟朋友在一起好像总有说不完的话题似的？

◎是的——G

◎不一定——请答 24 题

A. 梅花鹿：谨慎小心，待人和蔼可亲

外冷内热的梅花鹿做事谨慎小心，很少鲁莽行事。这种类型的孩子有完美主义倾向，自尊心又强，最瞧不起懦弱的表现，更不喜欢让别人看到自己的缺点。外表看似冷漠，其实却有颗温柔坦诚的心，是慢热型的人，偶尔也会被周遭的人或事感动得落泪，也不排除歇斯底里发泄情绪的时刻。

B. 海龟：协调性强，对人温柔体贴

海龟的协调性比较强，做事脚踏实地，内心温柔细腻且易碎，所以经常要承受过大的压力又不大愿意将烦恼说出来。这类孩子的个性比较内向害羞，一般来说，很少与人发生争斗，更不喜欢在众人面前出风头，举手投足间充满温柔恬静的味道。

C. 折耳猫：注重外表的时髦派

爱出风头的折耳猫，有着异常可爱的外表，不论走到何处永远都是众人的焦点。这种类型的孩子感知流行时尚的能力超好，懂得如何打扮自己，展现自己的优点，虽然有点臭美，但绝不会盲从。因为天生的好品位，所以很擅长打造属于自己的风格，言行举止略显夸张的他也是社交高手。

D. 牧羊犬：忠心，目的性比较强

牧羊犬对主人百分百忠心，为了完成工作不惜付出一切。这种类型的孩子非常遵守规章制度，对于朋友拜托的事都会如期完成，人缘儿很不错，有教养又懂礼貌，也不喜欢出风头，只要做职责范围之内的事就尽情沉醉其中。

E. 金丝猴：知性外表下有颗坚强的心

金丝猴具有大智慧，非常聪明，所以这一类型的孩子大多理性又有才华，自信的他们就算有再大的成就也不会骄傲。虽然从内心来说，也很希望得到同学老师的赞赏，却表现得很沉稳，一副宠辱不惊的样子，他一旦遇到自己喜欢的事就会大把大把地投入时间和精力，甚至有可能到废寝忘食的地步！所以父母要注意提醒孩子劳逸结合。

F. 长颈鹿：知性优雅，默默等待爱情

长颈鹿是个冷静的思考者，这种类型的孩子喜欢研究问题，为人成熟稳重，进退自如，绝不会做出令长辈大跌眼镜的事情来。人缘儿不错，大家都很喜欢他，不管遇到什么状况，他都能冷静处理，但也因为在一些小地方上过于保守，可能会白白错失不少机会，所以父母要注意培养孩子勇敢的品质。

G. 野象：自由奔放的霸道主义者

野象从小就生长在丛林里，非常热爱自由，高大醒目的外表很是抢眼。这种类型的孩子开朗乐观，自由奔放，颇得众人的喜爱，而且他具有积极进取的精神，为人坦率直接，行事果决，不管遇到大事还是小事，都不会犹豫。

当父母知道了女孩的这些性格特征和缺点后，赶快付诸行动，帮助女孩扬长避短，完善自己的性格吧。

人格的九种类型

爱因斯坦曾经说："一个人智力上的成就很大程度上取决于人格的伟大。"那么，什么是"人格"？什么是"性格"？什么又是"个性"呢？

在心理学的范畴中，人格就是指个性，即每个人不同于其他人的特征的总和。人格完整所指的就是构成人格诸要素的健康发展。一个健康的女孩，其所思、所言一定会协调一致，具有积极进取的人生观。对于每个生活在这个社会的女孩来说，健康完整的人格都必不可少并且至关重要，这关系到她们能否健康而愉快地享受生活。而性格的概念与人格不同，性格具有很大的社会性，形成比较晚，可塑性大。

女孩在以后能否成功，不在于受教育程度的高低，不在于人生经验的丰富，也不在于性格特点的构成，而在于是否拥有健康完整的人格。而性格的培养则有助于人格的形成，比如说培养学习型的性格，有利于形成思考型的人格；培养沉静的性格，有利于形成温顺型的人格；培养坚韧不怕吃苦的性格，有利于形成刚毅的人格。

人格是女孩自身存在的最终价值的所在。当我们所追求的一切功利或者世俗的东西，随着时间的流逝，仅仅以一种符号的形式存在和表现时，人格便成了衡量一个人自我成就的标准。因此，培养孩子的人格健康，让他们找到更好的生活取向，成为家长必须关注的焦点。

△ 看看你的女孩属于哪一种人格。

一般来说，人格被分为九种类型，而女孩则必然属于其中一型。而这一型就是女孩的基本人格型。这九种类型分别如下：

类型特征	优点	缺点	主要表现
完美型	有条理，负责，能够自我控制，追求完美，注重细节	自我批判过度，爱钻牛角尖，苛刻	不玩稍有破损的玩具；作业字迹工整；要求自己必须考100分才能得到奖励；非常注重老师的表扬；容易内疚自责
助人型	有爱心，乐善好施，随和，善于处理人际关系	占有欲强，不懂拒绝，缺少主见爱随大溜	喜欢小动物；爱帮助别人，但不考虑自己的实际能力

（续表）

成就型	自信，适应力强，注意力集中，卓越，有干劲，察觉力强	自恋爱炫耀，争强好胜，逃避失败，害怕被人洞悉自己的内心	学习观察能力很强；在小朋友们面前非常注重自己的形象；爱在大人面前表现自己；喜欢出风头受到老师的关注
自我型	具有独特性，创造力强，有主见，自信	情绪变化无常，对批评过度敏感，易忧郁、妒忌	认为自己才是正确的；生活中我行我素追求独特；情绪变化很快，易激动；经常沉迷于自己的幻想当中；喜欢向老师父母提出奇奇怪怪的问题
理智型	遇事冷静，条理分明，观察敏锐，求知欲强，分析能力突出	沉默寡言，欠缺活力，反应缓慢，固执死板	喜欢和身边的同学保持一定的距离；不喜欢参加课外活动多；对《十万个为什么》类型的书很感兴趣
疑惑型	做事谨慎负责，团体意识很强，务实，守规	不轻易相信别人，多疑虑，安于现状，缺乏创造力	对父母依赖性很强，不喜欢单独活动；在学校遵守校纪校规；对待学习踏实认真
活跃型	热情开朗，乐观，积极主动，具有感染力	做事欠缺耐性，亦冲动，定力很差	贪玩，很容易对电子游戏机上瘾；多才多艺，喜欢带动朋友之间的气氛；不喜欢受老师父母的管教；学习技能时总是半途而废

领袖型	果断，自信，不拘小节，独立，勇敢有闯劲	具攻击性，以自我为中心，报复心强	妈妈不让做的事情，偏要去做；喜欢指挥同学干这干那；经常成为班级活动的带领者
和平型	随和，接受能力强，有耐心，协调性好	做事缓慢，易懒惰、压抑，优柔寡断	怕见生人，害羞；没有爸妈的督促就完不成家庭作业；不喜欢和同学争辩，也不爱出风头

△ 正视自己的女孩的独特之处。

每个女孩的成长环境都是独一无二的，所以同类型的女孩之间可能会有很多的共同点，同时也一定有一些只属于自己的独特之处。这其中，没有哪一种类型比较好，也没有哪一个类型比较差。事实上每一个类型的女孩都有其各自的优缺点，父母不应该用"类型特点"来限制女孩，或者武断地认定女孩未来的发展状态。

五分钟进入"红黄蓝绿"

用颜色来代表女孩的性格，准确吗？

人类对色彩的感知与人类自身的历史一样漫长，而有意识地应用色彩则是从原始人用固体或液体颜料涂抹面部与躯干开始的。到 17 世纪 60 年代，牛顿通过著名的"日光－棱镜折射实验"得出白光是由不同颜色光线混合而成的结论之后，颜色的本质才逐渐得到正确的解释，并由开普勒奠定的近代实验光学为色彩学的产生提供了科学基础。而感知心理的研究为解决色彩视觉问题、心理物理学的方法为解决视觉机制对光的反映等问题，提供了重要的前提条件。进入 20 世纪后，色彩学在现代光学、心理物理学、神经生理学、艺术心理学等基础上获得了长足进展，一直到现在，色彩已经被广泛应用于性格学。

按照心理学理论对于颜色的划分，红色和黄色代表张扬；蓝色和绿色代表含蓄。所以在性格色彩中，人们把外向性格定义为红色和黄色，而蓝色和绿色则定义为内向性格。这些色彩划分与人对颜色的偏好无关，它们在此只是一个代表的符号。

人的性格是复杂的，通常其中的一种或两种色彩占主导位置，它们代表了一个人的核心需求和起决定作用的个人风格。每个人都会在不同环境下发挥出不同的"红黄蓝绿"行为，同样，每个女孩的日常行为举止也无时无刻不在深受四色性格的影响。这4种色彩代表的不同性格类型的孩子分别为：

红色：善于表达，活跃气氛。他们及时行乐，不思忧患，积极乐观，做事闪电般开始，反应迅速。同时富有煽动性，往往是孩子王。而且待人真诚，充满创造力。但这种性格的孩子自控力差，缺乏持久性，畏惧压力爱逃避责任，也就是九型人格中的领袖型、成就型。

黄色：自信坦率，富有责任感，以目标结果为导向同时控制力强。这种孩子有全局观念而且意志坚强精力旺盛。但他们容易犯自以为是的毛病，常常目中无人妄自尊大还缺乏耐心。与此类似的是九型人格中的活跃型、自我型。

蓝色：这种性格色彩的孩子做事稳重，深得老师父母的信任。他们善于分析，喜欢寻找深层次心灵沟通的小伙伴，同时低调、不张扬，甘愿留在幕后。而且他们做事审时度势，深思熟虑关注细节，很善于发现问题的存在。但他们优柔寡断，容易消极悲观，性格敏感多疑，还爱挑毛病，苛刻较真儿。九型人格中的理智型、疑惑型、完美型就偏向于这种性格色彩。

绿色：富有同情心、宽容、崇尚和平。这种颜色的孩子讲求平衡和谐，善于化解冲突，容易与人相处，友善并富有合作精神，承受压力性强。但这样的孩子无趣乏味，做事步调缓慢，而且胆小怕事没有主见还不思进取。与此相同的是九型人格中的和平型、助人型。

△ 通过颜色从另一个角度了解女孩。

对女孩性格色彩的认识，可以帮助父母提高在教育中全方位了解女孩的能力，帮助她们建立良好的人际交往。同时让父母不仅知道女孩的行为（女孩在做什么），而且让家长们领悟到女孩的行为动机（为什么要这样做），从而更好地促成女孩深层次的自我觉醒和改变。

从性格成型的源头来培养女孩

捕捉孩子成长的敏感期

默默的妈妈在无意之中发现，近来自己的女儿特别喜欢观察别人的鞋子款式，并且从鞋柜里翻出爸爸妈妈所有的鞋子一一试穿。当家里来客人的时候，她就会跑到人家面前说："阿姨，您的鞋子为什么是黄色的呢？"

爱女心切的妈妈以为自己的女儿喜欢黄色的鞋子，就一连给她买了3双各种款式的黄色鞋子。但是过了一个月之后，默默突然失去了对鞋子的好奇，开始对鱼缸里的金鱼产生兴趣，妈妈对默默的行为感到有些纳闷：这个孩子，是怎么了？

其实，家长不必大惊小怪，这只是女孩在某一个成长阶段呈现出的敏感期。所谓敏感期，就是指在女孩的成长过程中，儿童受内在生命力的驱使，在某个时间段内，专心吸收环境中某一事物的特质，并不断重复实践的过程。在敏感期，女孩内心会有一股无法抑制的力量，驱使女孩对她所感兴趣的特定事物产生尝试或学习的狂热，直到满足需求或敏感力减弱，这股力量才会消失。所以敏感期时，儿童以一种特有的强烈程度接触外部世界，在这一时期，她们能轻松地学会每件事情，对一切都充满着活力和激情。

而顺利通过一个敏感期后，女孩的心智水平便从一个层面上升到另一个层面。所以如果父母捕捉到了女孩成长阶段中的敏感期，并利用这个阶段的女孩并不懂得过度掩饰自己的内心加以引导，这将是培养女孩性格及能力的一个黄金时期。

那么父母们要怎样来捕捉女孩的敏感期呢？

一个人的基本人格类型是不会变的，即使在现实生活中，因为某些因素而有了种种变化，即使你的基本人格类型有某部分的隐藏或是调整，也不会真正改变。因此，要捕捉孩子的敏感期，就要仔细地观察，排除孩子表面的行为习惯，洞悉更深层次的内容。

故事中，默默对生活中非常微小的东西很感兴趣，其实是她内心对知识的探索，这是女孩用自己的特殊方式不断探寻、接纳的过程。这个时期的父母，就应该配合女孩的自身发展，通过女孩的动作透视她的情感及情绪。耐心地告诉女孩，各式各样的鞋子是怎么做成的，有什么不同的材料，金鱼为什么长着大尾巴……在解答女孩无数疑问的时候，其实就是在培养她们形成独立、细致的性格。

△ 通过女孩的言语行动来看穿她的内心。

女孩在日常生活中完成某些动作和表情的速度，与每个人的年龄息息相关。例如，一个 5 岁的女孩撒了谎，对妈妈说："窗帘不是我弄脏的。"她很可能会在说完之后立刻用一只手或双手捂住自己的嘴巴；

如果不想听父母的唠叨，她会用手捂住自己的耳朵；如果看到可怕的东西，她会捂住自己的眼睛。而当女孩逐渐长大以后，这些手势就会变得更加敏捷而越来越不容易察觉。这是因为在撒谎的过程中，人们的潜意识虽然会一直散发出紧张的能量，从而引发与口头语言相矛盾的手势，但成年后，随着年龄的增长，肢体动作和面部表情就会随之变得不再那么明显。所以，同样是解读内心世界，5岁的孩子就比50岁的成人容易解读得多。父母如果能洞察到女孩的肢体语言所表现出来的敏感，就能很容易抓住她们内心的想法和感受，这无疑是一个穿透女孩内心世界的强大工具。

告诉女孩：将命运内化为性格

英国有位作家毛姆曾说："习惯形成性格，性格决定命运。"人生就是性格的悲喜剧。一个人要想改变自己的命运，就得先改变自己的不良性格；挑战命运，首先要从挑战自己的性格开始。如果想要让自己的女孩命运能够更好，那就要先改变女孩的性格。

性格可以决定命运，这一点我们可以从孔子的学生子路身上得到证实。子路的性格十分豪爽，为人也很耿直。子路的为人也是后人得以敬重他的原因之一，但可惜的是，他刚烈的性格造成了他的不幸结局。

但是，孔子曾经和学生们说过，子路的性格很容易落得不得好死的下场："若由也，不得其死然。"难道只是巧合吗？

人生的悲剧归根到底是性格的悲剧，《三国演义》里的关羽，过五关，斩六将，英勇无敌，但是最终因为性格骄傲而自负，败走麦城而死。俄国作家果戈理长篇小说《死魂灵》笔下的泼留希金，他的家财堆积到腐烂发霉，但是他每天依然过着乞丐般的生活。总之在生活中，性格的悲剧屡见不鲜。

性格与人的健康息息相关。比如《红楼梦》中的林黛玉，就是因为她的性格多愁善感，喜欢忧郁猜疑，最终积郁成疾而死。《三国演义》里的周瑜是东吴的大都督，他是活活被诸葛亮给气死的。话说回来，如果身经百战的周瑜具有良好的心态，诸葛亮就是有天大的本事也气不死他。

孔子曾说"五十而知天命"，并不是说他已经可以预知天命，而是说他已经通达了各种道理，懂得自己应该怎样做。实际上，这就是将外在的命运内化为自己的性格。他把握住了自己的性格，也就握住了"天命"。

无常的生命中，总会有一个不变的法则——性格决定命运。父母要告诉自己的女孩：不可以怨天尤人，不要无谓地等待徘徊，而是要努力地塑造自己的性格，把握住自己的命运。不要成为性格的牺牲品，跌入自己导演的悲剧中。

△ 帮助女孩建立一个"榜样资料库"。

父母们首先要选择一个或多个能够真正激发女孩的名人。也许他们的梦想和自己孩子的梦想极其相似，也许他们遇到的障碍也是孩子最惧怕和担心的。尽可能多地让女孩学习他们怎样在艰难状况下保持前进的步伐，以及他们是怎样战胜艰难险阻才实现梦想的。找一些这类人的照片，把这些照片挂在女孩通常自我反省的地方，激发她积极向上的精神。

无须改变，改善即可

如果说人的性格是一种天性，那么想要彻底改变是非常困难的。父母要做的就是不要想着如何去改变女孩的性格，而是如何去改善性格的缺陷。

请看下面的一段故事：

有人养了一头驴和一只哈巴狗。驴子关在棚子里，虽然不愁温饱，却每天都要到磨坊里拉磨，到树林里去驮木材，工作繁重。而哈巴狗会演许多小把戏，颇讨主人的欢心，每次也都能得到好吃的作为奖励。

驴子在工作之余，难免有怨言："为什么命运对我如此不公平。"一天，机会终于来了，驴子挣断缰绳，跑进主人的房间，学哈巴狗那样围着主人跳舞，驴子又蹦又踢，不仅撞翻了桌子，还把碗碟摔得粉碎。驴子觉得这样还不够，它居然趴到主人身上去舔他的脸。这下可把主人给吓坏了，直喊救命。邻居听到喊叫急忙赶到时，驴子正等着奖赏呢，没想到等来的却是杀身之祸。

无论驴子是多么忸怩作态，都不及小狗可爱，甚至还不如从前的自己。盲目地模仿别人只会南辕北辙，甚至是送命。同样的道理，作为家长，不应该总是想着如何改造自己的孩子，不应该总想着让自己的孩子超越天性。

如何改善女孩的性格呢？

首先，我们应该意识到要主动改造而不是被动改造，如果是想强迫女孩改善，就要说"你不要那么胆小，这样不好"，或者说"活泼一点，改一改你的脾气"，谁都不喜欢自己被命令，特别是当父母强迫女孩去干一件事情的时候，往往容易引起女孩的逆反心理："你让我往东走，我偏偏要往西走。"只有让女孩主观意识上想改善，她们才能够自觉地去做。

其次，要引导女孩向不同性格的人来学习。因为每种性格都有其缺点，学习别人的优点来丰富自己，无疑是个完善性格、不断成长的好方法。在这个"取其精华，去其糟粕"的过程中，女孩不但能够锻炼自己的心态，发现别人的诸多优点，还有利于和他人建立良好的人际关系。

此外，父母也可以通过调整饮食的方法来改善女孩的性格。科学家经过研究发现，人的大脑需要产生适量的能量——神经信息传递因子，而这些物质正是依赖女孩平常的饮食而获得的。其中，某些营养成分的不足或者是过剩都会影响到女孩这种能量的水平，从而影响到性格和行为习惯。得到这个结论之后家长们就可以明白，女孩身体或是精神上的毛病是可以通过简单地调节相关信息因子而得到矫正的。

总之，家长们千万不要抱着非要改变女孩性格的想法来教育她们，而是应该最大限度地让女孩在自己的基础上尽自己的努力改善性格的不足之处。

△ 家长应学会通过饮食改善女孩的性格。

通过调节饮食营养可以相应程度地改善孩子的性格，比如固执的孩子应该减少肉类食物，可以多吃点鱼；蔬菜以绿黄色为主，少吃盐；焦虑不安的女孩应该多吃富含钙质和 B 族维生素的食品，并要多吃些动物性蛋白质；恐惧抑郁的女孩不妨多吃些柠檬、生菜、土豆、带麦麸的面包和燕麦等。

△ 家长还可以制作科学的饮食改善女孩的精神状态。

性格不稳定的女孩是因为长期缺钙才造成心神不定，所以应该多吃一些含钙、磷较多的食物，如大豆、牛奶、苋菜、炒南瓜子、海带、木耳、紫菜、田螺、橙子、河蟹、虾米等；而斤斤计较的女孩是因为大脑中缺少 B 族维生素而整天唠叨不息，故需要多吃粗粮，或牛奶加蜂蜜，常饮用会有好的效果；至于胆小怕事的女孩，主要是因为缺少维生素 A、C 和 B 族维生素等，所以宜多吃辣椒、笋干、鱼干；还有那些做事虎头蛇尾的女孩，通常是因为缺乏维生素 A 和维生素 C，所以应多吃富含维生素 A 的猪、牛、羊、鸡肉、鸭肝、牛羊奶、鸡鸭蛋、河蟹、田螺等食物，还要多吃富含维生素 C 的辣椒、红枣、猕猴桃、山楂、橘子、苦瓜、油菜、豇豆等。

用个性教育开放女孩的人生

在游戏中专注的背后

豆豆今年 4 岁，平常活泼好动，一会儿哭着要跟妈妈去买菜，一会又闹着要和爸爸去串门。不过爸爸发现，好动的豆豆只要玩起玩具来，就全神贯注不吵也不闹。悄悄一看，豆豆不是拿着天线宝宝在地上揉来揉去弄得一身灰，就是把积木扔满地。有一次带豆豆去院子里玩的爸爸发现，女儿竟然在花台边专注地玩泥巴，弄得身上满是泥点自己却浑然不知。于是爸爸赶紧把豆豆拉回家换衣服洗手，结果干净衣服才穿上，一眨眼的工夫豆豆又跑花台边接着玩泥巴去了。

一个孩子，为什么如此专注于玩泥巴？又为什么能够在游戏中获得沉静呢？这是因为她们在玩的过程中同时进行智力的自我创建。女孩对于自己感兴趣的事，总是不厌其烦地去尝试，这个在大人眼中的枯燥举动，其实是女孩正在进行专注的训练。这个玩泥巴的过程，正是锻炼了女孩的专注能力。

很多家长看到自己的孩子玩泥巴，总会当场阻止并横加斥责。这些年轻的爸爸妈妈只知道泥巴会弄脏了女孩的衣服和手，不干净还给自己带来麻烦，却不知这并不是单纯地玩泥巴，而是在认真完成一种工作。"工作"的目的是训练孩子的手眼协调、做事聚精会神、有秩序地完成一件事情的能力。同时女孩也借助四肢的活动，使自己的人格、智力与体能得到发展。

孩子不仅是喜欢玩泥巴，如果家长们用心观察一下即可得知，女孩更喜欢反复地玩，父母就觉得奇怪了："难道孩子就不嫌烦吗？"实际上，反复也是女孩的智力体操，只有通过反复，才能够发现它内在的规律，这个规律就是要女孩自己去体会而不是从家长老师嘴里面学到。

所以，即便豆豆只是在专心地玩泥巴，家长看到之后也应该感到高兴才行。正是因为豆豆内心那股对这种体验的渴望促使她去做，虽然可能会做得不好。或许在开始的时候孩子根本就捏不出像样的东西，那只是因为她的手脑还没有完全协调。家长只要耐心地观察一段时间就会发现，她已经可以捏出个物品的雏形了。当然，女孩不会总是专注于玩泥巴这一件事情，或许过了几个月之后她会突然对其他的东西感兴趣了，那就表示她的兴趣点又转向了另一个发展方向。

△ 不要阻止女孩去做想要做的事。

当女孩正在神情专注而又严肃地面对那件"工作"的时候，父母千万不要以为那是毫无意义的事情而横加阻止。不要在女孩醉心于某件事情的时候打搅她，直到她的注意力转移到别的事情上。而且父母们也一定要为她刚刚完成的工作叫好表扬才是。

保持孩子思维的灵活性

在日常生活中，我们常常可以看到这样的现象：女孩在上小学的时候，在班上的成绩特别好，但是到了中学以后，尽管还是一直很努力地学习，成绩却走下坡路。反之，有的男孩在上小学的时候成绩不好，但是进入中学之后成绩斐然。

这个现象背后的原因是什么呢？当自己的女孩成绩下降了，父母们更是为此事感到迷惑不解。有的人提出过这样的解释：上小学的时候，功课都比较容易，女孩们只要顺从父母的意思，好好努力，就可以得到好成绩，这样的女孩通常比较乖，比较听话。到了初高中以后，课程的难度加大了，需要个人思考的成分越来越多。这个时候女孩的成绩如何，父母是无法逼出来的。因为随着课程难度的增加，需要个人思考的成分也越来越多，单凭死记硬背是无法解决学习中的问题的，各学科都越来越多地要求女孩们拥有灵活的思维方式。

有一个老师给同学们出了这样一道题目："树上有10只鸟，开枪打死1只，还剩几只？"

这是一个流传很广的脑筋急转弯。孩子们大概都听到过答案，因此几乎所有的孩子都抢着说"9只"或"一只不剩"，只有玛尼没有吭声，她安静地坐着，显然是在努力思考。

老师问："玛尼，你觉得是几只呢？"

玛尼一本正经地问老师："在这个城市里打鸟不是犯法的吗？"

老师："我们假设不犯法。"

"那打枪人使用的是什么手枪呢？是无声手枪吗？"

"不是。"

"枪声有多大？会不会震得耳朵疼？"

"肯定会疼的，80分贝至100分贝。"

老师被问得有点摸不着头脑："这些问题跟还剩几只鸟有关吗？"

"有关的，老师。"玛尼继续问道，"您确定那只鸟真的被打死啦？"

"确定，拜托，你告诉我还剩几只就行了，OK？"

"OK，树上有没有关在笼子里的鸟？"

"没有。"

"边上还有没有其他的树？边上的树上有鸟吗？"

"没有。只有这一棵树。"

"有没有残疾的或饿得飞不动的鸟？"

"没有。"

"鸟里边有没有聋子，听不到枪声的？"

"没有。"

"有没有傻得不怕死的？"

"都怕死。"

老师很不耐烦地问："玛尼，你到底知道还剩几只吗？"

"还有最后一个问题，老师。算不算怀孕肚子里的小鸟？"

"不算。"

"哦，如果您的回答没有骗人，打鸟人的眼也没有花，"玛尼满怀信心地说："打死的鸟要是挂在树上没摔下来，那么就剩一只，如果掉下来，就一只不剩。"

作为家长，我们不应该为故事中的玛尼鼓掌吗？因为玛尼没有被思维所禁锢，而这样的一种思维正是家长要培养女孩拥有的，父母所要做的并不是像故事中的老师那样不耐烦，而是要引导女孩扩展自己的思维。思维是一种思想活动的规律，也就是我们通常所说的思维方式。作为家长，我们最好能帮助女孩谋求心理上的稳定，应当让她们及早知道一些支配她们大脑的思维规律，最好让她们感觉到这是与生俱来的能力。让她们知道一旦有了某个思想，便会沿着自己的路线发展，在大脑中确立自己的存在形式，并由此产生一系列与此相关的思考。

你身边的女孩一定也会曾经像玛尼那样喜欢提出许多古怪的问题，这是她们乐于探索客观世界过程中必然出现的心理现象。女孩每次向家长的提问，都是一次求知活动。在女孩主动求知的时候，家长一定要给予充分的重视，并且能够耐心细致地回答。当女孩向父母提问的时候，父母一定要鼓励女孩，支持她们大胆地发问。

△ 家长要以正确的态度来回答女孩的问题。

对女孩的提问，家长是否立即回答一定要根据女孩提问的内容和性质决定。如果女孩提出的问题较难，则应该由家长向女孩作出正确的解释；如果一时不能立刻回答，也要在较短的时间内把问题搞清楚立即回答。对女孩提出较容易的问题或经过努力可以找到答案的问题，家长一定要鼓励女孩自己想，或者由家长启发女孩利用已有知识和经验找出答案。遇到没有固定答案的问题，家长还可以与女孩相互讨论，以获得正确的答案。

△ 多鼓励女孩运用自己的求知和思考来解决问题。

当女孩问家长："为什么铁不能浮起来，而木块能浮起来呢？"家长最好不要直接回答，而是给女孩提供一个能装水的容器和天平，启发女孩称水、木块、铁块的重量，鼓励女孩：想一想为什么？当女孩发现了木块、水、铁的重量不同时，实际就找到了正确答案。女孩从提问到自己寻求答案这个过程，实际上就是一次成功的思维能力训练过程。

发现 + 引导 =1+99

记得有人曾经说过，这个世界上没有不聪明的孩子，只有不能教会孩子的家长。女孩在小的时候就如同一棵小树，小树长歪了长斜了，作为大人就应该扶一把或者是拉一把。小树并不知道自己哪一部分能够长得最好，父母就应该引导女孩把最有潜力的部分发挥出来。其实说起来，很多时候小树生长需要的不是父母强制性的浇水施肥，而是需要父母对其生长方向的引导。

当女孩的潜能在她们小小的身体里转化成为兴趣被父母发现之后，用正确的方法去引导她们接下来的发展才是最关键的。

教育家塞德兹在这方面做得很好，他认为发现一个孩子的兴趣并不困难，困难的是如何去引导女孩下面的路。所以要想拥有一个 100 分的孩子，必须要明白的是"引导"就占了 99 分。于是塞德兹总是认真耐心地回答孩子的问题并加以引导，绝对不会像很多父母那样因为嫌麻烦而应付了事。

一天，小塞德兹手里拿了一本关于达尔文进化论的少儿读本，书中用生动的笔调描述了生物进化的过程，并且配有极为有趣的插图。

"爸爸，进化论中说人是由猴子变来的，这是对的吗？"儿子问道。

"我不知道是否完全对，但达尔文的理论是有道理的。"

"可是既然人是由猴子变的，那么为什么现在人是人，猴子仍然是猴子？"儿子问道。

"你没有看见书是这样写的吗？猴子之中的一群进化成了人类，而另一群却没有得到进化，所以它们仍然是猴子。"塞德兹说道。

"这恐怕有问题。"儿子怀疑地说。

"什么问题？"

"既然是进化论，那么猴子们都应该进化，而不光是只有一群进化。"

"为什么这样说？"

"我觉得另一群猴子也应该得到进化，变成一群能够上树的人。"

"那是不可能的，因为事实上是猴子当中的一部分没有得到进化……"塞德兹说。

"为什么？"儿子仍然不放过这个问题。

看到这里，你可以想象一下，如果你是塞德兹，面对这样没完没了又毫无意义的问题，是不是早就已经厌倦了？

塞德兹却尽自己所知向他讲明其中的原因："据我所知，一群猴子由于某种原因不得不在地面上生存，它们的攀缘能力逐渐退化，而又学会了直立行走，经过漫长的进化变成了人类；另一群猴子仍然生活在树上，所以没有得到进化。"

"我明白了。可是为什么要进化呢？如果人能够像猴子那样灵活，不是更好吗？"儿子又开始了另一个问题。

"虽然在身体和四肢上猴子比人灵活，但人的大脑是最灵活的。"塞德兹说道。

"大脑灵活有什么用呢？又不能像猴子那样可以从一棵树跳到另一棵树上。"儿子说道。

"身体灵活固然好，但只有身体上的优势是远远不够的。大脑的灵活才是最重要的，因为只有这样才能创造出文明。"

"为什么要创造文明？"儿子问道。

"因为文明代表着人类的进步。"塞德兹说道。

在父亲的引导下，小塞德兹的问题如同潮水一般涌来，他的很多问题在成年人看来是非常可笑且没有根据的，但即便是这样，塞德兹也尽力不让儿子失望。用塞德兹自己的话说：其实并非他的耐心比其他人要好，只不过他能够认识到认真回答孩子问题的重要性。因为只有这样才能够引导孩子从感兴趣的东西里挖掘出钻研的精神。而有目的的引导会让孩子不知不觉地学会求知的方法。

每一种兴趣都会引导女孩培养某种特长，让她们学会从中去获得新的知识、方法才是最重要的。发明大王爱迪生聪明吗？不聪明，小学都没毕业学校就不要他了。但他有一个了不起的妈妈，爱迪生的妈妈懂得教育的秘诀，注重培养孩子的兴趣并引导他的发展；诗人郭沫若小学时语文不及格，说明他小时候也是一个很普通的孩子，就因为他对诗文感兴趣并发展下去才成了大文学家。所以说，兴趣是最好的老师，只要能把女孩的兴趣引导下去，让女孩喜欢学习、主动学习、努力学习，你的女孩就一定也是未来的爱迪生，或者是未来的郭沫若。

△ 多与孩子交流，多问孩子的想法。

凡事不和女孩商量就自作主张，这是很多家长都会出现的问题。

家长总是认为自己为女孩做出的选择就是最对的，就是最好的。可是，女孩也有自己的安排和打算啊。所以，当家长的，最好是凡事和女孩多商量商量，认真地询问女孩的理由，认真地倾听她们内心的想法。如果女孩的想法是有所偏颇的，家长可以引导女孩换个角度来看待问题，比如，"刚才叔叔训斥你了，这种做法不对。但如果叔叔不关心你，那就没有必要管你了，更不会训斥你。你说对吗？"注意在和女孩交流的时候注意语气，心平气和的交流效果最好。

第六章

养育女孩的"技术难题"——如何让女孩自立自主

陪伴女孩，而不是替她成长

以逸"代"劳，别大包大揽

女孩子与生俱来的乖巧甜美对于父母来说是无法抗拒的魅力。而在计划生育的大背景下，父母对于独生女儿的宠爱往往会让她们偏离了养育女孩的正确路线，甚至有些父母觉得女孩就应该娇生惯养，最好肩不能挑，手不能扛，事事能听父母的规劝引导——这是非常危险的。当今的社会，女孩不可能一辈子生活在父母的庇护下，总是要离开家出外求学、生活的，因此，从小训练女孩子的独立生活意识和独立生活能力是非常必要的。

那么，如何才能很好地培养女孩独立自主的精神和能力呢？一个方便有效的方法就是有意识、有控制地在女孩日常学习生活中"放权",让女孩尽量独立处理自己能力之内的事情,家长只是适时充当引导者和辅助者的角色,而不能让女孩子产生依赖心理。比如在女孩制订学习计划时提出建议、在女孩遇到学习困难时鼓励她自己寻找解决办法等。

从小培养女孩独立自主的能力,一方面可以让父母省心;另一方面,会为女孩将来的学习、生活和工作打下坚实的基础。所以,当今的城市家庭,尤其是独生女儿的爸爸妈妈们,一定要懂得在女孩的教育中以逸"代"劳,不要事事亲力亲为,适当让你的女儿发挥自己的能力,聪明的女孩子往往会带给我们别样的惊喜。

小雪的妈妈是家庭主妇,从小到大,小雪的一切事情基本都由妈妈包揽了。爱女心切的妈妈给小雪制定了严格的时间表,每一分钟做什么都安排得井井有条。从早晨起床先穿哪一件衣服到晚上睡觉前,从学习日的作息到周末舞蹈课后的娱乐活动,小雪都是听着妈妈的指挥按部就班地进行着,妈妈对听话的小雪也是疼爱有加。

小学五年级时,小雪的姥姥突然病重,平时乐观开朗的妈妈一下子变得十分悲哀消沉,妈妈为了能好好照顾姥姥,不仅搬到了姥姥家住,因为姥姥行动不便不能去医院,妈妈还得天天为姥姥治疗的事情奔走于医院与姥姥家之间,这样一来,妈妈就完全没有时间来管小雪了。临走时,因为小雪的爸爸在外出差,妈妈就将小雪托给邻居赵阿姨照顾。没有了妈妈在身边,小雪一下子失去了生活的指挥者,不知道自己该如何安排自己的生活。赵阿姨自己的女儿已经离开家去外地上大学了,看到小雪不知所措的样子,平时对小雪妈妈教育方式就比较了解的赵阿姨开始试着慢慢减少小雪的依赖性。

第一步,就是让小雪回想之前妈妈列出的时间表,结合自己的实际情况，划出现阶段自己可以决定的部分，比如每天穿什么样的衣服，家庭作业有困难不是问妈妈而是第二天去学校问老师，等等，然后照着"小雪表"执行。小雪是个很听话的孩子，就严格地照做了。渐渐地，赵阿姨发现，小雪自己安排的学习、生活不仅没有变得乱七八糟，反而因为是自己安排的缘故更加井井有条了。

在逐步学会自己照顾自己的同时，小雪也感受到妈妈平时照顾自己的生活有多么不容易，她开始想到，那现在妈妈要照顾生病的姥姥一定更累吧？我能不能帮帮妈妈呢？在赵阿姨的帮助下，小雪学会了做一些简单的饭菜。一个周末，小雪提着自己做的饭菜来到了姥姥家，并对着惊讶不已的妈妈说："妈妈，我终于长大啦。"

△ 不要小看女孩子的自理能力。

放一点权给女孩子，让女儿自己安排力所能及的生活，比如穿着、做作业的时间、玩耍的伙伴，等等，可以与女儿一起制订她的学习、生活计划，但制订过程的主角一定得是女儿，父母只是起提出建议或担任女儿征求意见的对象。这样慢慢循序渐进，父母会轻松一点，女孩也会成长得更好。

△ 随时引导。

孩子毕竟是孩子，缺乏判断是非好坏的能力，需要父母时时地关注和引导，"放权"不等于"放任"，而是在一旁观察、引导女儿自理，遇到女儿犯了错误，一定要及时指出或是暗示女儿自己改正。

习劳知感恩——让女孩多做家务活

关于女孩子做家务的问题，很多年轻父母都头疼过，有的是心疼不让女孩子做，有的是想交给女儿做又不知道让她做什么、什么时候做。小时候让她做吧，怕女孩子拿不动水壶，折断了扫帚；长大一点吧，女孩子又开始嫌脏嫌累了。结果就是，很多女孩子都有不爱做家务甚至不会做的缺点，也不觉得做家务会累、会烦琐，反而认为家务事就是爸爸妈妈做的事，不懂得体谅自己的父母。

如何解决这个问题呢？其实从刚刚列出的几种情况中可以看到，女孩子不爱做家务，常常与父母小小的不忍心或是担心有关。其实，女孩子没有我们想的那样柔弱，一定年龄段的女孩子对于家务活还非常好奇。抓住这两点，父母们完全可以放手让女孩子做一些力所能及的家务，比如擦擦桌子，摆摆碗筷之类的事情，幼儿园大班阶段的女孩子就可以胜任了。不用担心女孩子做不好，只要她迈出了"做"的一步，就是进步。父母可以对女儿的家务活进行鼓励，也可以奖赏激励，但一定注意不能让女孩子在脑海里将"家务活"作为"可以得到奖励的事情"，应当培养她们劳动的意识和习惯，一旦树立起劳动的意识，女孩子会自觉地去完成家务活。

儿童认知发展的规律表明，在2~7岁时的儿童，各种感觉运动行为模式开始内化而成为表象或形象思维。此阶段的主要特点有三：相对具体性，不可逆性，自我中心性。其中"自我中心性"这一点，具体来讲即是儿童只能站在她的经验的中心，只有参照她自己才能理解别的事物，而认识不到还有他人或外界事物的存在，也认识不到自己的思维过程。故2~7岁的思维阶段又称为自我中心思维阶段。教育处于这一思维阶段的女孩子，让她有亲身的体验是最有效的方法。做家务时，女儿会一边模仿父母平时做家务的样子，一边凭自己"累""烦琐""辛苦"等体验去感知父母做家务时的感受。有了这样的体验认知，不用父母说，女儿自己就能学会感恩父母。

元元读小学四年级的时候，语文老师布置了一篇课堂作文"我第一次做家务"，几乎从来没做过家务的元元傻眼了。平时老师让写春游、花草，元元都能写得很好，因为她有真实的经历，可这一次，元元绞尽脑汁也写不出来了，只有胡乱编造了一篇洗碗的作文交了上去。老师看了之后就明白元元肯定没洗过碗，于是在点评作文的课上，老师布置了一项附加作业，回家后做一件家务事，跟自己第一次做家务时比较一下，有哪些方面做得更好一些了，写下感受交给老师。

当天的晚饭后，元元主动向爸爸妈妈提出洗碗。真正洗起来，元元才知道，家务活不是那么好做的，洗完了碗，手油油的，很不舒服，腰也酸酸的。元元这才明白，爸爸妈妈平时下了班还要做家务有多么辛苦，自己不做家务是不应该的。在交给老师的"感受"中，元元写道："昨天是我第一次洗碗，今后，我会尽力帮爸爸妈妈多做家务事，他们太辛苦了。"

△ 与女儿约定，让女儿和父母一起承担家务。

孩子的公平心理非常强烈，如果父母只是一味地让孩子做家务而自己在一旁看着，会让孩子产生强烈的不满，就算父母平时做得再多，她也会视而不见。因此，可以与女儿"约法三章"，比如妈妈做饭，爸爸洗碗，女儿就负责摆放碗筷和收拾桌子，一家三口自己的内衣自己负责洗，等等。

△ 表扬女儿劳动的行为，给她积极的暗示。

女孩子都是喜欢表扬的，尤其是她认真做的事情，父母都应给予积极的表扬并耐心地教会女儿她所负责的家务的技巧。让女儿明白自己在做一件让爸爸妈妈高兴的事情，这种事情她是很乐意一直做下去的。

让女孩当一天家

让女孩当一天家不仅可以锻炼女孩面对问题的能力，而且能让女孩获得一定的技能和技巧。这也不仅是一次道德教育，更能提供一个广阔无垠的思想世界。

根据不久前的一项抽样调查显示，某个城市的高中生近六成起床不叠被子；五成从不倒垃圾，也不扫地；七成不洗碗，不洗衣服；九成从不洗菜做饭。还有部分高中生什么家务也不做，个别人连整理书包都还要家长代劳，更别说给她一次当家的机会。

针对女孩做不了家务，当不了家的情况。一些家长给出的理由是：她还只是个孩子，她现在的任务就是学习，这些事等她长大了再学做也不迟。

这些家长的一片"苦心"，使孩子们不会做家务，养成了衣来伸手、饭来张口的习惯。以为别人为自己做什么都是应该的，却不知道自己也有关心与帮助别人的一份责任。

独立生活能力差，是当前我国儿童普遍存在的问题。究其原因，大多归之于"独生子女"。其实在西方发达国家，许多家庭也是独生子女，但他们对待女孩的态度则与我国的父母很不相同。

女孩小时，正是孩子品性形成与发展的重要时期，极具可塑性。孩子虽小，却也具有独立的人格，也是家庭中的一员，父母应该适时教育，加以指导，让孩子在家里承担一定的责任。

有一个懂事善良的小女孩，名叫曼丽。

在她5岁的时候父亲已经过世，陪伴着她的，只有穷困的母亲和一个2岁大的妹妹。

她很想能帮上母亲的忙，因为母亲挣的钱总是难以养家糊口。

一天，曼丽帮着一位先生找到了他丢失的笔记本，于是这位先生给了他10美元。

曼丽把钱放到一个谁也找不到的地方。她母亲一直教育她要诚实，绝不能拿任何不属于自己的东西。

她把这10美元用来买了一个盒子、三把鞋刷和一盒鞋油，接着她来到街角，对每位鞋不太干净的人说："先生，能让我给您的鞋擦擦油吗！"

她是那样彬彬有礼，因此人们很快便都注意到了她，并且也十分乐意让她给他们的鞋子擦油。第一天她就挣了50美分。

当曼丽把钱交给母亲的时候，母亲情不自禁地流下了热泪，喃喃地说："你真是一个懂事的好孩子，曼丽。我以前不知道怎样才能赚更多的钱来买面包，但是现在我相信我们能够过得更好了。"

从此以后，曼丽白天擦鞋，晚上到学校上课。她挣的钱已足以负担母亲和妹妹的生活了。

俗话说："穷人的孩子早当家。"穷人家的孩子，由于家境贫困，从小就经历了痛苦和磨难，因而较早地体味到生活的艰辛，从而更加珍惜现在，努力创造未来。

从这个意义上说，女孩能否早日"当家"，其实并非只取决于家境，而是看她有没有经受过艰难困苦。我国古人也指出："父母之爱子，则为之计深远。"因此，对家长而言，只有立足于现在，适时地让女孩吃点儿苦，才能帮助女孩将来早当家。

在此，家长为了女孩将来能更好地适应社会，让女孩了解父母的辛苦与不易，在女孩上小学高年级或初中时，周期性地让女孩当一天（或两三天）家，是一个行之有效的办法。

△ 为女儿提供当家的机会。

家长可以找一个周末，让女孩为第二天的生活与活动安排做一个预算与计划，然后从第二天早上起床开始，就由女孩上岗指挥和组织一天的家务与游玩。

△ 女儿当家后的总结。

父母要放手、信任，不要干预，即使女孩安排得不是最合适，也不要当即否定，而是等第二天再与她一起总结，先让她自己提出改进意见，然后再补充。相信女孩对这样的活动定会兴致很高，也会十分用心和负责任，快乐与收获定会出乎家长们的意料。

鼓励女儿参与到家庭决策中来

一位女孩的父亲讲述了这样一件事情：

女儿5岁的时候，每当我跟她妈妈商量一些关于女儿的事情，比如入学、学校老师时，女儿总会打断我们，不停地想吸引我的注意力：她一会儿指着自己的玩具对我说："爸爸妈妈，快看，我给我的洋娃娃做饭了！"我们常常是应付地点点头："好，继续玩吧。"她一会儿又会跑过来问："爸爸妈妈，你们在说什么呀？"为了避免她继续问下去，我们常常说："这是大人的事情，小孩子不懂。"她一会儿又装作不小心摔倒，坐在地上哭个不停，希望我们把她扶起来。

……

最后我跟她妈妈都忍无可忍了，只有躲到楼梯间去商量。

后来我听了一个关于亲子关系的讲座，才意识到这种做法对女儿是多大的伤害。小孩子不懂得什么叫"大人的事情"，尤其在女儿的心目中，平时跟爸爸妈妈的关系相较于男孩子来说更加亲近，她跟爸爸妈妈是平等的，是没有秘密的，彼此间的交流应该是无时无刻不开诚布公的。而跟女儿有关的家庭决策，谈论的是关于女儿的事情，女儿当然认为她应该参加。

我们知道，女孩是渴望得到关注的，别人的关注能让她找到自我认同的感觉。尤其是来自很有权威的关注，更是意义不同。对女孩子来说，爸爸妈妈凑在一起谈论事情，便是顶顶权威的事情了，如果自己能够参与进去，便会高兴不已。一些不太紧急重要的家庭决议，如果能让孩子参与进来，对于女孩子自尊心、自信心的树立会起到很好的潜移默化的作用。虽然父母有时会觉得两个人商量起来更方便一些，但爸爸妈妈们应该想到，被你们排除在外的孩子心里会有多么难过。如果父母对女儿的参与要求毫不关心，一开始，小女孩会采取某些小伎俩，或通过哭闹的诡计来引起父母的关注。但如果这一目的不能达到，女孩就会感到十分困惑，她会认为父母不爱她了，不愿意理她了。她会因此而感觉到被欺骗、生气，甚至还会产生内疚的心理：究竟我做错了什么？父母为什么不愿意理我？我怎样做爸爸妈妈才会更喜欢我，让我加入他们的讨论呢？

如果女孩长期生活在这样的心理下，她就会不自觉地为自己贴上这样的标签：不够听话、不够聪明、不够可爱、不够讨人喜欢……一直如此，会使女孩拥有一颗极度自卑的心灵。相反，如果父母能向女儿敞开家庭决策的大门，为女儿提供一个除了向父母撒娇、询问之外还能向父母提供自己意见的平台，对于女儿的健康成长会很有帮助的。

△ 为女儿开放家庭决议。

女儿是家庭的一员，不要因为女儿小就认为女儿不懂"大人"的事，为女儿开放家庭会议，她会安静地听，反而会比将女儿撇在家庭会议的门外表现得更好。再者，如果商量关于女儿的事情，有女儿的参与决议，她会更积极主动地去实行，因为这是她自己认可的决定，不是父母强加于她的。

△ 鼓励女儿对父母提出建议。

父母是女儿生活的引导者，同时，女儿也可以成为父母生活的"辅助者"，鼓励女儿对父母提出建议，女儿会很认真地思考。一方面，可以让女儿感受到父母对她的重视和喜爱；另一方面，女儿的眼光往往能为家长们提供别样看问题的角度。

过度保护的孩子长不大

惠施和庄子都是魏王的好朋友。一天，魏王分别送给他俩一些大葫芦的种子，对他俩说："你们把这些种子拿去种在地里，会结出很大的葫芦。比比看，你俩究竟谁种的葫芦大，到时候我还有奖赏。"

惠施和庄子都高兴地领受了，并去种在地里。

为了能种出比庄子更大的葫芦，惠施非常用心，而且每天都施肥、除草。庄子的葫芦就种在不远的地方，但他从不施肥、除草，只是到时候来看看，见没有什么异常，就做别的事去了。

没过多久，惠施的葫芦苗一棵一棵地相继死去，最后，一棵也没成活。而庄子的葫芦苗却长得格外好，慢慢地，都开花结了果。而且，正如魏王所说的那样，长出的葫芦都很大。

惠施觉得很奇怪，就跑来请教庄子："先生，为什么我那么用心地栽培，所有的苗都死光了，而您从来都不曾好好地管理，反而长得那么好呢？"

庄子笑着答道："你错了，其实我也是在用心管理的，只不过与你的方法不同罢了。"

"那你用的是什么方法呢？"

"自然之法呀！你没见我到了时候就会去地里转转嘛！我是去看看葫芦苗在地里是不是快乐，如果它们都很快乐，我当然就不用去管它们啦。而你却不管它们的感受，拼命地施肥，哪有不死之理啊？"

"这么说来，还是我害了它们？"

"就是啊！你的用心是好的，可是你不用自然之法，怎么可能得到自然万物的拥戴呢？"惠施恍然大悟。

这个故事对当今的家庭教育会有所启迪。在孩子成长的道路上，存在着一个非常温柔的陷阱，就是那些过分庇护孩子的父母亲自挖掘的。掉进陷阱里的孩子，由于被剥夺了犯错误和改正错误的机会，从而也失去了长大成人的权利。

保护孩子是父母的天性，没有一个父母不对孩子倾注着满腔的热爱。没有父母的保护，孩子是很难长大成人的。然而，过度的保护则没有益处，只会使孩子变得软弱无能，缺乏自主性和独立性。

据报载，一名8岁的小女孩，仅仅因为偶然的迷路，她母亲便痛下"不再让女儿离开自己一步"的决心，并辞去公职，留在家里照看女孩。这样的事例，在生活中是很少见的，但家长对孩子过分呵护，凡事顺着孩子，生怕孩子饿着、累着、受委屈的现象却不是个别。我们在一些小学门口观察发现，家长早送晚接，更有甚者，干脆帮小孩做家庭作业，收拾学习用品，帮小孩值日打扫学校卫生区等。一个四年级的学生上课没带课本，老师问她为何不带课本，她却振振有词地说："还不是我妈，忘记装了！"

有一位母亲，在孩子很小的时候和丈夫离异，她便把全部的爱转移在孩子身上，好吃好穿的任她挑，在家想干什么就干什么，想要什么母亲就帮她买什么，恨不得把天上的月亮也摘给她。母亲的娇惯和纵容，使她滋生了"唯我独尊"的心理。在学校里霸道十足，不听老师的话；在家稍不如意，就拍桌子摔碗；在社会上经常与人打架斗殴，最终走上了抢劫的犯罪道路。

另外，我们要说的是，父母过度保护孩子的做法其实是一种自私心理的反映。因为过分溺爱的背后，一定会有对孩子行动的禁止和干涉。父母们总是按照自己的意愿去爱孩子，总是站在大人的角度去判断何事该做，何事不该做，从来没有问过孩子是否真的就需要这样的保护。尽管这些都是出自对孩子的爱心和关怀。但是父母们有没有想过，孩子会在这种连续"禁止"中，逐渐失去表达自己要求的能力，甚至会变成"无力量""无意欲""无关心"的"三无人类"。从某种意义上说，过度保护孩子，是一种无形的剥夺。剥夺了孩子独立生活的权利，剥夺了孩子自主选择的意愿，剥夺了孩子养成男子汉所需要的土壤和"钙质"。这是一种悲哀！

过分保护导致如今孩子某些生理、心理机能退化。一些家长一方面在学业上拼命给自己孩子"加压"；另一方面又为她们在生活上尽可能地创造了很好的条件，这便导致现在的孩子大脑"发达"，四肢无力。在舒适的环境中，孩子体内的某些机能正在逐步退化。因为她们生活的需要很容易得到满足，几乎不用克服什么困难，不用付出，也就没有发展。孩子成长过程中用于发展自己能力的机会就这样被剥夺了。

△ 真心地关注女孩的需要，不要把自己的意识强加于孩子。

父母们应该放低自己的姿态，听听孩子内心深处的声音，真正将自己的关怀和保护用在刀刃上，给孩子们多一些自由成长的阳光、温度、水分、空气……别让你的孩子在"腻歪"了的爱中苟延残喘，倍感"生命不能承受之轻"。

△ 留给女孩独立的空间。

不管我们做父母的多么想保护孩子，她们一旦融入集体生活，就有一种强烈的独立意识，她们会把这种"过分的关心"看成很没面子的事。可以说，当孩子们离开家长时，平时在父母温暖的怀抱下软化的独立意识开始得到了复苏。那些向来将孩子"含在口里怕化了，捧在手中怕摔了"的父母需要认真地去思索了。

受益一生的自立教育

让女孩娇而不弱

小女孩是父母的小公主，她们好像天生就胆小：她们怕黑，晚上睡觉时非要跟爸爸"抢"妈妈；她们说话细声细气，不敢争取自己的正当利益。她们娇气，受不得委屈，有一点点伤就哭个不停……正因为如此，胆小和懦弱好像总是喜欢这些小女孩，于是小女孩受到小男孩的欺负便成了常事。

另外，女孩胆小的原因还会因父母而起。一种情况是，家长对女孩过分的溺爱会促使她胆小。"宝宝不要动，小心烫着你！""想吃梨？妈妈给你削，刀子会伤到手！"家长的过分保护会给女孩消极的暗示。在家长的溺爱下，女孩一方面会变得娇纵、不可一世；再者，由于很多事情女孩都没有亲自体验过，她会对实践产生畏惧心理。这样的女孩在面对"侵略"时，常常只会躲避。还有一种情况是，当女孩哭时，很多父母经常这样吓女儿："狼外婆来了，专吃爱哭的小孩子！"年幼的女孩很容易对家长的戏言信以为真，并且产生深深的恐惧。对生活带有恐惧心理的女孩，是很难有勇气面对别人的欺负的。在被欺负的时候，她的恐惧心理会卷土重来，给女孩幼小的心灵蒙上巨大的阴影。

有这样一个故事：

4岁的小女孩桐桐非常胆小。有一次，妈妈带她去社区的小广场玩，旁边突然跑过来一个2岁多一点的小男孩，他直勾勾地盯着桐桐手里的小皮球，非常好奇的样子。桐桐看见了，不自觉地把球往身后藏，然后壮着胆喊："你不许抢我的小皮球！"小男孩好像看出桐桐的胆小，冲上来就抢，桐桐吓得号啕大哭。妈妈连忙说："小弟弟，你怎么可以抢东西呢？"又对桐桐说，"小弟弟比你还小呢，你为什么怕他？来，和小弟弟握握手，大家做个好朋友。"

小男孩做个鬼脸，跑了。从那以后，他只要看到桐桐经过，就会跑过来打她一下，或者把桐桐手里的东西抢走。而桐桐看到那个小男孩，总会不由自主地躲得远远的。

又有一次，桐桐正在楼下的车库里玩，看到那个小男孩朝这个方向走来，便马上对爸爸说："爸爸，快把车库的门关上，那个小哥哥要打我。"

桐桐竟然将比她小的孩子升级为"哥哥"了。这也正是很多女孩家长感觉头痛的事，由于女儿的文静、胆小，常常在学校受那些"坏孩子"的欺负，自己又不好插手小孩子之间的事情，但又不知道怎样才能让胆小的女儿保护自己。对于这个问题，桐桐的爸爸的解决方法是：

晚上，爸爸认真地问自己的宝贝女儿："那个小弟弟比你小，怎么会是小哥哥？你能告诉爸爸你为什么这样怕他吗？"

"因为他总抢我东西，还老打我。"桐桐有点委屈地说。

"如果你按爸爸说的去做，小弟弟就不敢欺负你了。下次小弟弟再抢你东西，你就大声地对他说'不许欺负我'，然后再把东西抢回来！"

第二天，桐桐跟爸爸出门，远远地看到小男孩走过来，爸爸就对桐桐使了个眼色，躲到一边。小男孩过来了，看到桐桐手里的玩具熊，就上来抢。桐桐鼓起勇气，大声说："你不许抢我的东西！"然后用力把玩具熊夺回来，小男孩也由于没有站稳，而摔倒在地上。小男孩没想到桐桐变得这么"勇敢"，这次他居然坐在地上哭了起来！

并不是所有的女孩都天生胆小，这与孩子的性格有关，当然与父母从小对她的教育也有很大的关系。家长要想让女孩变得娇而不弱，就要告诉她：躲避不能解决任何问题，用正确的方法去面对那些"纸老虎"，你才能永远不受欺负。

△ 鼓励女儿自己面对困难。

女儿遇到困难向父母寻求帮助的时候，父母要做的，不是替女儿解决问题，而是让女儿明白父母是她坚实的后背，无论她做什么父母都会帮助她、引导她。首先树立女儿的安全感，进而鼓励女儿自己面对困难，解决问题，少依赖父母。

△ 提出有效的建议。

女儿自己面对困难，不等于父母就在一边喊口号。女儿毕竟是女儿，缺乏生活经验，父母是她可以依靠的最坚实的屏障。对于遇到的问题，父母可以提供一个开诚布公的讨论的平台，跟女儿一起讨论，或是提出建议，引导女儿认可并自己来实行。

告诉女儿，化眼泪为行动来解决问题

前文的例子中，桐桐的爸爸为我们教育女儿树立了很好的榜样，那就是一定要让女儿擦干眼泪，让她们明白眼泪是解决不了任何问题的，女孩子需要的是化眼泪为行动来解决问题。面对哭泣的女儿，做父母的一定要先冷静下来，不要吓女儿，也不要大吼大叫，更不要不闻不问，这时的女孩子最需要的是时间，是鼓励。小女孩忘性大，哭一阵子就会自己停下来，父母不必急着围着女孩问这问那，而是等她冷静下来之后，再引导女孩说出自己的内心需要，同时要安慰几句，但更多的是让小公主们明白问题还没有解决，还需要勇敢地解决。有这样一个故事：

在英语夏令营里，6 岁的若彤是个不敢说话的小女孩。面对美国来的老师，她总是远远躲在一边，遇到什么需要的就去找在夏令营工作的妈妈。上课如果有什么需要找美国老师的，也只是拉拉老师的衣角，然后指指自己想要的东西。每次老师试图鼓励她说英语，她就低着头，逼得急了，还会哭，妈妈看在眼里，非常着急。

一次午休时，妈妈带若彤去美国老师的办公室玩，就要离开时，若彤拽住妈妈的衣角："妈妈，再玩一会儿吧。"眼睛却一直盯着办公桌上漂亮的洋娃娃。妈妈看出了她的心思，却装作什么也不知道，故意这样对若彤说："只能玩5分钟，5分钟后我们就回教室。"5分钟马上就要过去了，小若彤终于忍不住了，她用很小的声音对妈妈说："妈妈，我……想要那个……洋娃娃。"妈妈抓住机会对她说："如果你能向美国老师要这个洋娃娃，我想他很乐意给你的。但是如果你不愿意说的话，我也没有办法啦，因为这不是妈妈的，也不是妈妈想要的呀。"

小若彤望望美国老师，又望望洋娃娃，再望望妈妈，"不知道……该怎么说……"

"很简单，跟妈妈学，doll，洋娃娃……"

……

终于，小若彤在参加了英语夏令营一个星期之后向美国老师说出了完整的句子。

做父母的一定要在女儿小的时候就对她灌输这样一种思想：争取是一种能力。当女孩希望得到某种东西或机会的时候，当女孩的权利被侵犯的时候，当女孩面临各种压力的时候……争取不一定获得，但放弃就意味着失去。在女孩小的时候，父母就应教会她说出自己的内心需要。

一位教育学家在自己的书中写道："成功是一种感觉，一种态度。'我能行'是成功者的态度，'我不行'是失败者的态度。人改变了态度……由'我不行'变为'我能行'，就会获得成功的感觉，最终改变自己的命运。"

的确，当女孩缺乏自信，眼泪泛滥的时候，即使面对比她弱小的对手也会退缩不前，即使自己的玩具被抢走也不敢要回来……这样的女孩，实际上是把自己放在失败者的假想里，未出征先言败，又何谈将来的成功呢？

△ 耐心等待女儿自己擦干眼泪。

看见女儿哭了，家长一般有两种自觉的反应：心疼无比，许下各种愿望让女儿停止哭泣；心烦意乱，呵斥女儿停止哭泣。这样提供另外的刺激让女儿停止哭泣的办法是不正确的，小女孩的注意力集中时间本来就很短，再因为外在刺激而转移的话，她往往会忘记自己啼哭的最初原因，或是在脑海里将"哭"等同于"奖励"。正确的做法应是，留给女儿自己擦干眼泪的时间，当她冷静下来的时候，再询问她。

△ 不要忽视女儿的眼泪。

不过，留给女儿自己冷静的时间，不等于完全忽视女儿的眼泪。小女孩是爱哭，但她的哭不是毫无来由的。父母不要认为哭是不好的，不理她就行，而是应该引导女儿把眼泪换成解决问题的动力。

镇定是女孩的另一种勇敢

女孩子更容易慌乱，尤其是在不熟悉的环境中，这是一个不争的事实，想必很多女孩家长们对此也深有体会。因此，在我们的耳边，也经常响着父母们不解的声音：

"女儿很容易紧张，如果让她在亲朋好友面前唱歌、跳舞、讲故事，她总是手忙脚乱了半天也开不了口。"

"女儿从小就害羞，家里来了生人（包括不经常往来的亲属），她会很快躲到妈妈的背后，把脸藏起来。"

"女儿在幼儿园从不主动表现自己，回答问题不积极，老师逼急了还要哭。"

……

在日常生活中，女孩父母们经常会发现自己的孩子在家中活泼大方、能说会道，可一旦到别人家里或碰到生人，就会局促不安、胆怯慌乱，做什么事都要大人代劳。对此，父母们也很无可奈何："这孩子，在家里挺大方的，怎么出来就变样了？"

为什么会出现这种现象呢？其实，从心理学角度来说，孩子在1～2岁时都要经历正常的害羞期。孩子在这个年龄段出现的害羞属于一种正常现象。但当孩子过了这段害羞期，甚至到了学龄期仍然害怕人多的场合，不能调整自己紧张慌乱的心态，父母就应对此多加关注、多加引导了。因为这时候孩子表现出来的紧张和怯场，虽和天生的生理因素有关，但也和父母的教育方式有着莫大的关系。

对于女儿的怯场行为，许多父母不仅不能体贴女儿的心情，反而横加指责，这会极大地伤害女儿的自尊心，同时也会给孩子打下"我就是害怕，我就是不勇敢的"的心理烙印。

晓晓是个害羞的孩子，每次遇到熟人一逗她，她不是支吾着说不出话来，就是哭着跑开了。因此爸爸每次带晓晓出门，回家后都少不了批评晓晓一顿："你怎么这么不争气，连句完整话都说不出来。"这以后，为了避免尴尬，爸爸越来越少带晓晓出门了。

晓晓很伤心，却又不知道怎么办。有一次，又有客人来家里做客，带来了一个活泼可爱的小妹妹，小妹妹跟晓晓同一个幼儿园，比晓晓低一个年级，非常大方，蹦蹦跳跳地来拉着晓晓的手要一起唱一首她们在幼儿园学过的歌，晓晓起初不敢，但经不住小妹妹恳求，就答应了。小妹妹高兴地拉起晓晓跑到客厅，两人一起为大人们唱了歌，又跳了舞，爸爸妈妈和客人们都很高兴，大声称赞。晓晓很高兴，也玩得非常开心。

客人走了之后，爸爸对晓晓说："晓晓，你今天的表现太棒了！爸爸终于知道晓晓也是个大方的孩子，只是爸爸平时老是批评你，对你的鼓励太少了，现在爸爸跟你说对不起，明天我们就一起再去那个小妹妹家玩好不好？爸爸妈妈跟叔叔阿姨还想看你们俩表演呢！"晓晓高兴地答应了。

孩子之所以会形成容易紧张、懦弱慌乱的性格，与父母的少鼓励、多指责有很大关系。这样的孩子一般都会自信心不足，父母一味地指责只会让孩子的自信心再次受到打击。可以想象，一个自信心严重受创的孩子，又怎么可能变得开朗大方呢？

怯场是很多女孩子都需要面对的一个问题。对此，父母们千万不要着急。只要面对孩子的慌乱行为，我们不犯"不体贴反指责"的错误，采取循循善诱、增加锻炼机会等教育方法，我们的小公主自然会成长为一位勇敢大方的优秀女性。适当地给予孩子一些外在因素的刺激，等孩子有了进步就马上给予肯定和鼓励，我们的小公主会逐步摆脱怯场自卑的心理，变得阳光又勇敢起来。

△ 让女孩放宽心态。

在一定的年龄阶段（一般是 3 岁之前），孩子在陌生人面前容易紧张是正常的反应，家长千万不要大惊小怪，也不要认为女孩出了什么问题。孩子会慢慢成长，过了慌乱期，很多孩子都会渐渐开朗大方起来。所以，家长不必羡慕隔壁的小姐姐有多么大方、自己的女儿有多么怕生，当你的小女儿也变成了小姐姐，她也会是开朗阳光的。

△ 鼓励是最好的镇静剂。

要是随着渐渐长大，女儿还是表现出怯场、怕生、容易慌乱的特征，就是缺乏自信的表现。这时候，父母千万不要指责她"见不得人"，或是当着女儿的面对客人们说"她是我们家脸皮最薄的"，这会对女儿产生消极的暗示。在女儿手忙脚乱、不知所措的时候，父母要做的，就是鼓励，就是不厌其烦地支持和鼓励你的小公主。

让女孩做家庭的"女主角"

要想让女孩子告别害羞、告别腼腆，培养女儿大方、端庄的气质，父母就必须给予她更多与人接触的锻炼机会。这其中，让女儿做家庭的"女主角"就是最直接、最有效的一种方式。父母可以经常请亲戚朋友到家中做客，给女儿创造当小主人的机会，一方面可以提高女孩的自信心；另一方面可以趁机教孩子如何待人接物。对那些在生人面前易胆怯的孩子，父母不必急于求成，可循序渐进地教她们，在孩子做好前一步的前提下再提高要求，不要强迫孩子做她不能胜任的事。等孩子习惯了前一种做法，可自然过渡到下一步。此外，在做客之后，父母还要抓住时机对孩子的表现进行表扬。

乐乐的妈妈告诉乐乐，明天家里要来客人，他们知道乐乐是个很聪明乖巧的孩子，想看看乐乐，既然是来看乐乐，当然是由乐乐来当小主人了，爸爸妈妈会随时配合乐乐的。乐乐听了，很高兴地抓着妈妈问这问那，"是什么样的叔叔阿姨呀？""我应该怎么做呀？""我可不可以唱幼儿园老师教的歌给他们听呀？"妈妈都一一回答了。

果然，乐乐表现得出奇的大方，客人们都很高兴，爸爸妈妈就更高兴了。

在做客之后，父母千万不要吝啬自己的表扬。哪怕孩子的表现还没有达到你的要求，也要力求表扬到位。父母的表扬、父母的礼物，不仅是对孩子的认可和鼓励，而且能促使孩子向着更好的方向发展。

客人走了之后，妈妈对乐乐说："女儿，你今天真棒。客人都夸你了，爸爸妈妈真为你高兴。"听了妈妈的表扬，乐乐马上显出高兴的样子。妈妈接着说："明天爸爸要把你一直很喜欢的那个小熊文具盒买给你，作为你这次优异表现的奖励。"乐乐高兴地抱住了妈妈："谢谢妈妈，我下次还可以做得更好。"

其实，不仅是家里来了客人，一家三口的日常生活也可以适当地让小女儿来做主。比如问问女儿爸爸第二天打哪种颜色的领带好看，或是让女儿当一天家，等等，给予女儿展现"身手"的机会，同时也灌输给她"我很能干"的意识，对于女孩今后的学习生活会有莫大的帮助。

△ 孩子也有"知情权"。

客人来之前，提前一天或半天告诉孩子这是什么样的客人，什么时候会来，他们很喜欢你，想看看你，爸爸妈妈还告诉他们你很喜欢唱歌（或是其他女儿擅长的东西），客人们想看你表演……诸如此类，充分表现出对孩子的尊重，也可以调动孩子的积极性。

△ 让女孩从最基本的小事做起。

家长可以循序渐进地教会孩子怎样才是好的待客之道，可以以询问的方式，也可以以建议的方式，与孩子达成"小主人共识"。比如小主人应该向客人问好，为客人送递茶水，帮助大人招待来客，与客人交谈或为客人表演节目，等等。

培养女孩不畏挫折的坚强个性

让女孩明白：吃苦就是吃"补"

有一个家庭条件不错的女孩，上完高中就直接被父母用 30 万元送进了美国的一所大学。她的英文不成问题，经济上也没有困难，但是不到 3 个月就坚持要回家念书。在这期间，她总是不断地给家里打电话，抱怨生活不习惯，很多事情要自己操心，美国的老师太严格，论文不好过，等等。在美国的这段时间，她几乎天天在网上和国内的同学们聊天，关在家里吃零食，连旅游都不愿意，因为要自己查找很多东西。就这样，她又回到了父母身边。

但这个女孩的妈妈认识到自己平时太少让女儿自己做事情了，以至于现在完全离不开父母。她提出让女孩到另一个城市去读书，一定要让她学会自立生活。

现在有很多的父母都喜欢把女孩子送到国外去。从 20 世纪初开始，就有很多家庭开始注重开阔女孩的眼界，鼓励女子留洋。

但是，也有越来越多的家长发现，女孩们去了国外，不是出现适应困难的问题，就是花钱太过铺张浪费。中国留学生甚至成为很多国家的一个现象，据说，美国为了照顾很多陪读的中国妈妈，专门为中国留学生安排可以和父母一起住的宿舍。

我们的孩子在适应上真的有问题吗？但为什么孩子们可以马上适应新的网络环境和"火星文字"，可以马上和千里之外的陌生人成为知音、无话不谈？看来不是孩子的适应能力差，而是现在很多女孩太娇气，不愿意吃苦。

有人说，富养女孩，难道还要女孩吃苦吗？富养不是惯养，要培养能上能下、大气稳重的女孩，就要让她首先能够吃苦。

被誉为"国际美容教母"的郑明明从小生活优越，她的父亲在印尼的华人圈子里很有名望。优裕的环境培养出郑明明优雅的气质，更培养了她勤于思索的习惯。很小的时候，郑明明就习惯于把自己打扮得漂漂亮亮，而且她对美的事物也很敏感。

按照当外交官的父亲的设想，女儿将来应该是个"高等知识分子"，至少不应该是个理发的。可是郑明明坚持要为自己负责，于是瞒着父亲，到了日本著名的山野爱子学校，开始了美容美发的学习。

因为得不到父亲的支持，她仅带了 300 美元只身到日本，这些钱在交完学费、住宿费后就所剩无几。到了冬天，她的同学都穿着各式各样的皮衣，而她只有一件破旧的黑大衣。她穿着这件唯一可以御寒的大衣从住处乘地铁去学校，到了校门还要赶紧把大衣脱下叠好，生怕穿坏了就没有钱买新的了。

从日本的学校毕业以后，郑明明来到了中国香港，租了间店铺，成立了蒙妮坦美发美容学院。"万事开头难，刚开始的时候，我每天早睡晚起，至少工作 11 个小时。那会儿我一人身兼数职，既是老板，也做工人；既迎宾，也要洗头。"郑明明回忆自己刚刚创业的时候，微微一笑，露出洁白的牙齿，"可是忙碌之余，我还有个雷打不动的习惯，就是到了晚上就把白天顾客留的姓名、特征、发型等资料建成档案，以备以后翻阅，也便于下次和顾客沟通。"

正当郑明明的贵夫人化妆品在印尼打开市场，准备在雅加达建立蒙妮坦的分支机构时，一场大火却将仓库连同化妆品毁于一旦，郑明明耗光了老本，并且欠了很多债。

痛定思痛，事后整整一年，郑明明在香港的店里，带领大家埋头苦干，白天做生意，晚上教学生，每天只限一个半小时处理私事，其余时间除了吃饭、睡觉，全部花在工作上。经过一年多的苦干，她不但还清了银行贷款，手上还有了积蓄，脸上的阳光终于驱散了那场大火的阴影。

"我父亲很爱玩不倒翁，他说，奋斗的过程，会不断碰到一大堆困难，只要像不倒翁一样不断站起，理想就会实现。"

苦难可以打磨出坚强的男子汉，也可以培养出有韧性的女孩。人生之路不可能一帆风顺，没有哪个女孩可以在父母的城堡中生活一辈子。但是眼下，很多女孩子由于缺乏锻炼的机会，很难学会忍受挫折和失败带来的负面情感，会因为一件很小的不如意的事情而发脾气，或者总是用眼泪来逃避问题。这样的女孩，不是我们要"富养"的。

△ 让女孩多尝些"苦头"。

女孩在成长时期太顺利了未必是好事，不能吃苦接受磨炼的孩子长大后很容易丧失斗志。只有放开保护的羽翼，让孩子多尝些"苦头"，她才能变得更坚强。

面对问题，化眼泪为行动

古典文学作品中喜欢形容一个女孩温婉美丽，就说她似弱柳扶风，泪光点点，如梨花带雨。眼泪是很多女孩的撒手锏，遇到不如意的事情就会发发小姐脾气。哭是女性的发泄方式，但是总是喜欢哭的女孩可不招人喜欢。

吴健雄出生在江苏太仓浏河镇，那是一个典型的江南小镇，小桥流水，烟雨蒙蒙。她的父亲是一位开明人士，曾在著名的上海南洋公学读书，参加了蔡元培先生主办的倡导"学术自由、兼容并蓄"的爱国学社，并加入孙中山先生的同盟会，参加上海商团。

父亲是个多才多艺的人，他自己动手组装了一台收音机，让吴健雄听到无线电广播的声音，还为她买百科小丛书，给她讲述科学趣闻。当时很多人还相信"女子无才便是德"的古训，开明的父亲却鼓励女儿上学读书。吴健雄七岁时便进校受启蒙教育。父亲在课余常带女儿出去玩，寻觅家乡的历史古迹，向女儿讲述三宝太监郑和率船队下西洋的故事。

在苏州女师读书时，吴健雄第一次聆听了胡适的演讲。胡适的讲题是《摩登妇女》，他的话语让坐在台下的吴健雄眼界大开，当得知胡适第二天在东吴大学还有一场演讲的时候，吴健雄又到东吴大学再次聆听。胡适对社会改造、对新时代妇女的见解，让吴健雄大为赞叹。大师的智慧，点亮了一个普通女生内心对知识和世界的好奇之火。

1929年，吴健雄以优异的成绩从女师毕业，被保送到南京中央大学。但当时规定要教书一年才能入学，她就跑到上海的中国公学读书。那时胡适并不认识她，只听说过"吴健雄"这个人是一个成绩优秀的学生。

有一次历史考试，胡适担任监考老师，他发现坐在前排的一个女生两个小时就答完了题，第一个交卷。胡适浏览了一遍她的试卷，十分满意，就把卷子送到教务处，正巧遇上另外两位老师，胡适兴奋地说："我还从来没有见过一个学生，对清朝三百年的思想史能理解得那么透彻。"胡适决定给她100分。那两位老师也说有个女生十分聪颖，常得满分，当三个人各自把那位女生的名字写下来，一对照，写的都是"吴健雄"这个名字。

从此，胡适对吴健雄寄予了很高的希望。1936年，吴健雄离开战乱的祖国到美国加利福尼亚大学读博士，那时候她还是一个英文不太流利的姑娘。但是几年之后，她已经能在世界上最好的物理实验室里工作了。

到美国参加哈佛大学三百周年纪念演讲之际，胡适还专门去看望了吴健雄，并给她写了封长信："你是很聪明的人，千万珍重自爱，将来成就未可限量"，"你在海外驻留期间，多留意此邦文物，多读文史的书，多读其他科学，使胸襟阔大，使见解高明。"

读书人是"家事国事天下事，事事关心"。吴健雄虽为一介女流，但也对祖国命运非常关注。吴健雄的大学时代正是民族危亡的时期，她足不出户地用功看书。大一时发生了九一八事变，莘莘学子愤怒了，纷纷涌向街头游行示威。物理系同学推荐品学兼优的吴健雄做游行请愿的领头人，她当仁不让。

吴健雄平时以俭朴著称，但为设"吴仲裔奖学金"，她捐出近100万美元巨款。1992年，四位华人诺贝尔奖得主：李政道、杨振宁、丁肇中、李远哲，在中国台北发起成立"吴健雄学术基金会"，要给八十华诞的吴健雄一个惊喜，她一再婉拒。吴健雄说："我不喜欢出风头，做研究是我的本分，我只是运气好，成果还不错而已，不要以我的名字成立基金会。"

△ 有时候，假装没有看见女孩流泪。

在美国，很多家庭都主张用"Time out"的教育方式来处理孩子们发脾气的问题，就是当孩子开始发脾气的时候，把他一个人扔在一边不管他，等他自己觉得没有意思了，也就冷静下来了。女孩子都有一种"表演"的情结，你越是在意她的一举一动，她就越是想表演给你看。就像有些人在有客人的时候会格外娇气，只有家里几个人的时候就很正常一样。这是人之常情。不过，也正因为如此，当女孩因为一件小事情而流眼泪的时候，如果她是故意给你看的，你就假装没有看见好了。像往常一样看看报纸、喝茶聊天，就像把她忘了一样。当没有观众的时候，她就自己停下来了。次数多了，她也会觉得没有意思的。

△ 关键时刻站在女儿的身边。

不过，一定要注意的是，当女孩在真正受了委屈或者很脆弱的时候，爸爸妈妈还是要第一时间站在她身边。不必急着让女儿擦干眼泪，而是耐心地引导女儿说出事情的原委，再一起讨论解决的办法。

给女孩上一堂生活教育课

让女孩从小适度地知道一点忧愁，品尝一点磨难，懂得生活的艰辛对女孩来说不是什么坏事，这有利于女孩的长远发展。同时，对培养女孩的承受力和意志，对女孩的健康成长或许更有好处。

俗话说：穷人的孩子早当家。要让女孩了解点家情，让她知道你在做什么样的工作，从而学会体谅大人持家的不易。现在的社会，由于企业经济的不景气，父母下岗已成为一个社会问题。父母就更应让女孩了解自己的家庭情况，甚至是经济情况，让她知道父母工作的艰辛。

即使你是一个清洁工，也应该明明白白告诉你的女儿，不必有任何的自卑，不必怕孩子知道了在同学面前抬不起头来。有必要的话，做父母的还可以带自己的女儿去看看自己的工作环境与工作情况，让女孩目睹你工作的辛苦与劳累，告诉女孩这样做一天可以赚多少钱，让女孩更懂得珍惜所拥有的一切，这不是一次活生生的教育吗？

张曼曼今年12岁，是小张村张思田、王桂英夫妇12年前领养的一个女儿。就在抱养张曼曼两年之后，69岁的张思田便相继得了肺炎、肺心病、心脏病、脑血栓等多种疾病，丧失了劳动能力，已经有10年的时间没有迈出自家的大门，常年靠药物来维持生命。

由于张思田失去了劳动能力，家中的6亩责任田退掉了5亩，只留下1亩地由张曼曼和母亲耕种。张曼曼的母亲王桂英今年已经71岁，并患有脑血栓和胃炎，12岁的张曼曼是家中最棒的劳力和顶梁柱，两年前只有10岁的张曼曼便挑起了支撑这个家的重担。

张曼曼家的收入主要来自她耕种的1亩地和她养的18只鸡下蛋卖的钱。

另外，王桂英与张曼曼母子俩捡破烂儿也是这个家庭一项重要的经济来源。由于王桂英年龄大了，走不远，每次捡到的只是一些农药瓶、塑料布，一个月下来还卖不了20块钱。平常家里吃的菜基本上是靠张曼曼放学后在村内集市上捡来的菜叶子。

为了能省一点儿钱让张曼曼上学，张思田现在吃的药基本上全是王桂英老人自己拿着样品到田地里去挖，实在挖不到的才到药店里买一点儿。

无论生活多难，张思田、王桂英夫妇还是让张曼曼和村里的其他小伙伴一样按时上了小学。"穷人的孩子早当家"，别看张曼曼只有12岁，但是地里种、收、管理，张曼曼样样在行。

由于家中没有牛耕地，她就用小铁锨翻；锄地拿不动锄头，她就用镰；家里没有钱买肥料，她就去拾粪。为了做到干活学习两不误，张曼曼每天早上五点钟就起床开始做作业，做完作业再到2里外的地方用脚蹬三轮车拉水，然后做饭、喂鸡、给父亲熬草药，再去上学，放学后再到地里干活或者去捡破烂、拾菜叶子。

"我们这个家能维持下来，多亏了这个孩子，都12岁了连个雪糕也没吃过！人家这么大的孩子到处跑着玩的时候，她还要考虑怎样让我们俩吃饱。"提起这些事张思田已经泣不成声。"这些事不该是一个12岁的孩子干的啊！"

张曼曼很聪明，学习成绩从小学一年级到六年级一直名列前茅，用班主任张震的话说"从未下过前三名"。无论学习多忙、地里的活多累，张曼曼的脸上始终挂着微笑。

也许和同龄的孩子相比，张曼曼显得非常成熟懂事。虽然这个例子有些极端，可是我们不能不承认，明白生活不易的女孩更懂事，跟父母更贴心，日后的生活更能应对自如。

△ 对女儿坦诚相告。

现实中有些父母尽管自身有许多生活艰辛和身体病痛，但他们总是竭力在孩子面前掩饰，错以为这是爱孩子，却不知是在害孩子。作为家长，当遇到不如意的事情时，应该把实际情况实实在在地讲给女孩听，让女孩明白生活的艰辛。让孩子直接面对，和家长共同承担起家庭生活的艰辛。要通过活生生的事实告诉女孩，生活就是这样，它既会造就幸福，也会带来痛苦。

△ 让女儿树立正确对待挫折的态度。

生活中有苦才有乐，家长不要刻意去掩饰生活的另一面，而应让女孩从小学会分担你的痛苦艰辛，理解生活的不易，长大后她才会珍惜眼前的生活，才会以真诚之心关爱别人。我们生活在这个世界上，唯有直面人生，通过自己最大的努力，才能掌握命运，创造美好的未来。家长要教育女孩从小懂得这些，这才是对女孩最大的关心和爱护。

伤心之事也要用美妙的语言解释给女孩听

在女孩眼中，一切都是美好的。身边的一切，小朋友、学校、爸妈等都让她产生幸福感，都让她快乐。

莎莉上幼儿园的时候，她的爸爸妈妈离婚了。

她的爸爸妈妈和她整整坐了一夜，也说了一夜的话，或是因为莎莉太小没有记住。但有一句爸爸说的话她记住了："你走吧，由我来向莎莉解释。"

莎莉的妈妈走了好几天了，莎莉每天都在等着爸爸的解释。

也许他把他说的话忘了，仍跟以前一样接送莎莉上学，给莎莉在学前班的家长手册上认真填写她又学会了的新字，讲他听到的新故事以及纠正莎莉左手写字画画的情况。这些在莎莉的其他同学家里都是由妈妈来做的事情，在她家里却一直是由爸爸来做的。

每当莎莉的奶奶看到这些，就叹着气说莎莉的妈妈"心早就不在啦"，莎莉的爸爸就会用眼神制止奶奶，好像在隐瞒什么。但莎莉并不追问，莎莉相信总有一天爸爸会向她解释的。

莎莉妈妈走了快一个星期了，又是一个晚上，莎莉爸爸合起给莎莉读的故事书，又压了压莎莉本来已经压得很好的被角，像又要给莎莉讲故事一样对她说："你一定听过很多天使的故事。"

莎莉的爸爸停了停继续说："每一个天使飞到一个地方，发现那里有人冷了，有人饿了，有人在受苦，有人需要她的帮助，她就会留下来当差，做他们的父母兄弟。如果一切都很好的话，不当差的天使就会放心地飞走，继续去找需要她帮助的人。

"如果世界上的爸爸妈妈就是天使，是专门飞来照顾孩子，陪孩子一同好好长大的话，那咱们家里，爸爸一个人就能照顾好莎莉。所以，妈妈才放心地把莎莉留给爸爸，妈妈去了一个很远的叫澳大利亚的地方，就像不当差的天使一样……"

莎莉当时很小，但她听明白了这是怎么一回事，那就是妈妈离开了。

这也是莎莉在以后的生活中，听到过对"离婚"做出的最美、最好、最阳光灿烂的解释。

这是一种单纯形态的幸福，是人们在生活中苦苦追寻的，即使是最大的幸福也无法比拟。只要我们解释得当，哪怕不快乐的事情女孩也会觉得很美好，不会在心里留下阴影。

孩子快乐，还因为她对任何事情都拿得起，放得下。和小朋友吵架了，不会跟大人一样，和谁闹翻了脸，便会老死不相往来，她很快就会忘掉，不会记仇；挨家长训斥了，即使是哭了，也会很快就破涕为笑；受到老师批评了，她也不会老是怀恨在心。她当哭则哭，当笑则笑，受到表扬，便高兴得又蹦又跳，受到批评便掉眼泪，绝不会掩饰和做作。

每个父母都希望自己的孩子能拥有健康的心灵，在快乐中健康地成长。那么我们怎样做才能让女孩永远保持这样一颗快乐的童心呢？

女孩的父母要想办法让女孩天天快乐。轻松愉快的情绪能使女孩顺利地进行各种活动，父母应使她经常处于一种兴高采烈的状态。父母要为她树立模仿的榜样，时时刻刻以自己乐观向上的情绪去感染她，让她生活在轻松愉快的氛围中。

尝试着用美妙的语言解释一切。像莎莉的爸爸一样，再残忍的事情我们也可以用最美妙的语言让她们感到快乐和美好。

△ 让她感到父母的可亲可敬。

家庭内部民主平等的人际关系是她心理健康的"维生素"。尊重她，认识到她也是一个独立的人，有自己的情感和需要，放下做家长的架子，使她觉得父母和自己是平等的。要礼待她，不打骂她。父母做错事、说错话，要勇于向她承认错误。

△ 让女孩勇于认识自我。

女孩能否正确认识自己，评估自己的能力，是其心理健康的一项重要指标。帮助她形成良好的自我意识，发展她的自尊心，提高她的自我意识水平，使她认识到世界上只有一个"我"，如"我"是独特的；"我"很能干；"我"有许多优点，也有一些缺点，不过，经过努力，"我"能改正自己的缺点，做个好孩子。

不可忽视女孩的生存能力训练

有一些家长很重视对男孩生存能力的培养，但对女孩就是另外一种情况了。许多孩子的父母，千方百计地给女孩创造安逸舒适的生活条件，致使有的女孩到了中学，甚至到了大学，离开了父母就不会独立生活，处处表现出懦弱、畏缩、无能，这样的女孩将来恐怕难有出息。

一个缺乏独立生存和自理自立能力的女孩，就很难成为生活中的强者。家长的责任应该是培养女孩有生存和自我保护的本领，使她们有勇气去面对生活中可能出现的危险与挑战。

"物竞天择，适者生存"，是自然界和人类社会的普遍规律。如今，不少女孩越来越缺乏这种意识。她们犹如温室里的花朵，生活自理、自控自救、自我防范等方面的能力很差，所以屡屡发生女孩被拐骗、触电而死、溺水身亡等悲惨事件。

据《羊城晚报》报道，2002年广东省青少年学生非正常死亡的840多件个案中，仅校外溺水突发死亡数就占了个案的一半。学生溺水事故频频发生，让人感到无比心痛。

从表面上看，溺水悲剧缘于学生的安全意识薄弱、自我保护意识不强，然而学生溺水事故所占比重如此之高，且很多溺水者是已经成年的大学生，又说明并非仅仅是"安全意识"问题。它至少还从一个侧面表明，家庭、学校对于学生生存能力的培养是不成功的，学生溺水事故频发给我们的"生存教育"敲响了警钟：过分的呵护只会让女孩失去基本的生存能力，不理性的爱只会弱化女孩天赋的潜能。

教育专家赵忠心教授在他的调查报告中，曾讲到这样一个真实的故事：

在某省城宽阔的大街上，一清早就停放着一辆威严的警车和一辆豪华客车。警车上坐着警察，可客车里坐的却不是犯人，而是佩戴红领巾的少先队员。客车周围簇拥着黑压压一大群前来送行的人，男女老幼约有上百人。

只见车下的人一个劲儿地往车上递大包小包各式各样的食品，还喋喋不休地千叮咛万嘱咐："别到处乱跑"，"不要喝生水，别吃不干净的东西"，"水杯、饭碗使自己的，不要用老乡的"，"睡觉盖好被子，别着凉","晚上上厕所带好手电筒"……

警车开动了，与客车一同离去。而直到车辆消失在大街的尽头，送行的人们仍旧站在原地，眼含热泪，眼巴巴地望着车开去的方向，很久都不愿离去，此情此景颇为"悲壮"，犹如生离死别。

其实，这只不过是某单位组织的一次小学生社会实践活动：从省城挑选20名小学生到边远山区学习生活一周，同时从边远山区挑选20名小学生到省城学习生活一周，即进行短期的"易地留学"。

城乡的学生分别住在对方学生的家里，到对方的小学学习。让城里生活条件优越的孩子亲身体验一下农村比较艰苦的生活，促使他们更加珍惜自己优越的生活和学习条件，增强社会责任感。

看到眼前这种情况，观众无不感叹地说："现在的孩子养得也太娇了，将来他们怎么能独立生存呢？"

这种担心绝非杞人忧天。其实，有许多女孩的父母，很不重视女孩生存能力的培养，将女孩护在怀中，便限制了她们发展能力的空间，使她们在未来的社会中束手无策。同时，父母过于紧张的保护意识，也容易使女孩对生活产生恐惧感，认为外面的世界充满不可抗拒的威胁，形成怯懦的性格。

不久前云南弥勒县14岁的女孩被强盗扔进20多米深的山洞，但她却凭着坚强的意志力和良好的生存能力，靠吃洞中的青苔、喝岩洞中的水，在暗无天日的山洞中度过半月之久，最后终于获救；哈尔滨10岁的女孩莹莹遭遇绑架，一路上她假装昏迷、记住路标，趁"拐子佬"不注意，终得逃脱……

这些典型事例都是我们对女孩进行生存教育的生动素材，只要家长们舍弃短视、功利、肤浅的教育方式，将爱女孩的眼光放得更长远些，切实地在生活中注意培养女孩面对生存的态度和能力，赋予女孩坚强的品质，便一定能收到最佳的教育效果。

△ 锻炼女儿的身体。

很多女孩子不喜欢运动量大的户外体育，如长跑、游泳等，但这样的体育运动对于孩子的生长发育和身体健康都是极为有益的。作为家长，可以鼓励、可以要求她们，但最好的方法，是抽出时间和女儿一起定期进行运动锻炼。

△ 对女儿大胆放手。

适当让女儿参与一些户外训练，让女儿有机会面对跟平时生活不一样的生存环境，训练女儿随机应变的能力。有了这样的基础，即使遇到危险，女儿也能很好地自救。

第七章

风靡哈佛的情商课——让女孩做情绪的主人

高智商不如高情商

智商统治不了成功学

人类在关于怎样才能成功的问题上，从来不曾停止探索的脚步。熟悉电影的人们一定都会记得《阿甘正传》，这是一部好莱坞大片，男主角汤姆·汉克斯更是凭借它而一举夺得奥斯卡"小金人"。那么，汉克斯在片中饰演的角色是怎样的呢？为何这部影片至今还常常为人们所津津乐道？

影片中的男主角名叫福雷斯特·甘，他从小就是一个有点行动不便的男孩，准确地说是有点残疾。然而不幸的事情不在这里，而在他的母亲到处为他找学校，却没有一所学校愿意接收他，原因在于他的智商只有 75。但是后来阿甘凭借他的执着、善良、守诺、勇敢的个性，一度成为美国人民心中的英雄。

故事也许是虚构的，却向我们揭示了这样一个道理：智商的高低与人生的成就不能直接画等号！阿甘的重情重义、执着乐观的个性，是他成功的重要能量，这便是来自情商的魅力。

心理学家霍华·嘉纳说："一个人最后在社会上占据什么位置，绝大部分取决于非智力因素。"许多材料显示，情商较高的人在人生各个领域都占尽优势，无论是谈恋爱、人际关系，还是在主宰个人命运等方面，其成功的机会都比较大。

资深学者丹尼尔·戈尔曼宣称："婚姻、家庭关系，尤其是职业生涯，凡此种种人生大事的成功与否，均取决于情商的高低。"一份调查报告披露，在贝尔实验室，顶尖人物并非那些智力超群的名牌大学毕业生；相反，一些智商平平但情商甚高的研究员往往以其丰硕的科研业绩成为明星。其中的奥妙在于，情商高的人更能适应激烈的社会竞争局面。

与社会交往能力差、性格孤僻的高智商者相比，那些能够敏锐了解他人情绪、善于控制自己情绪的人，更可能找到自己想要的工作，也更可能取得成功。情商为人们开辟了一条事业成功的新途径，它使人们摆脱了过去只讲智商所造成的无可奈何的宿命论态度。

丹尼尔·戈尔曼博士用了两年时间对全球近 500 家企业、政府机构和非营利性组织进行分析，发现成功者除具备极高的智商以外，其卓越的表现亦与情商有着密切的关系。在一个以 15 家全球企业，如 IBM、百事可乐等数百名高层主管为对象的研究中发现，平凡领导人和顶尖领导人的差异，主要是来自情绪智能。

卓越的领导者在一系列的情绪智能，如影响力、团队领导、政治意识、自信和成就动机上，均有较优越的表现。这就是为什么人们不是推举一些特别聪明的人做领导，而是推举一些能关心别人、与人关系融洽的人做领导的原因。相比之下，情商高的人更能为众人办事，也更能发挥群体的积极性。

△ 用正确的思想和理念来指引。

一个人事业上的成功，需要有正确的思想和理念的指引。真正具有建设性的精神力量，蕴藏在左右一生命运的情商中。每时每刻的精神行为，会对命运产生决定性的影响。情商高的人生活更有效率，更易获得满足，更能运用自己的智能获取丰硕的成果；反之，不能驾驭自己情感的人，内心激烈的冲突，削弱了他们本应集中于工作的实际能力和思考能力。

△ 注重后天情商的培养。

绝大多数人的智商是差不多的，而后天的情商教育与情商培养可以改变你的生命轨迹，引领你走向卓越、超越平庸。当你信任情商的力量时，情商就会带给你意想不到的奇迹。

智商高≠情商高

智商曾一度统治过成功学的领域，人们在感慨谁智商高谁就能成功的同时，不禁有些迷茫，原因在于发生在我们身边的一个个高智商神话的破灭。细心的人们应该还能够回忆起类似于清华大学学生刘海洋泼熊的事件，不绝于耳的许多国内高等学府的学生因不堪各种压力跳楼自杀，因一点小事而愤然用刀砍死同学的事件……太多的天之骄子的言行让我们震惊，我们不禁要问：

难道是这些学生不够聪明？还是他们不能意识到问题过后的严重性结局？这是一个不言而喻的结论，因为我们都明白问题的根源不在于他们的智商，而是他们不懂控制自己的情绪，以致情绪失控；不知道调整自己的心理状态，于是在面对人生逆境时选择了结束自己的生命……

这些自我控制与面对人生挫折的心境，为我们揭开了情商的神秘面纱。所有的这些高智商人物的悲剧，原来都是可以避免的。或者他们将来可能会取得更加卓越的成就，但因为情商不高，最终做出了令人扼腕叹息的事情。

众多实例证明：高智商者不一定取得成功，智商的高低与一个人成就的必然联系，一再受到质疑。

有一个叫威廉·宾德的人，自一出世，他的父亲就采用各种手段开发其智力。他3岁时就能用本国语言自由阅读和书写，4岁写出了3篇500字的文章，6岁写了一篇解剖学论文。8岁上中学，11岁进入哈佛大学。由此可以看出，宾德的脑子足够聪明，智商不可谓不高。但他后来离家出走，在一家商店当店员，一生碌碌无为。

类似的例子不胜枚举，在这种情况下，情商伴随着心理学家的研究问世了。早期在心理学界不被重视的情绪、情感等非智力因素被认为是决定人是否成功的重要因素。

高智商者不一定取得成功，情商在人生成就中起着不可忽视的作用。情商的高低，可以决定一个人的其他能力，包括智能能否发挥到极致。情商比智商更重要，如果说智商更多地被用来预测一个人的学业成绩的话，那么，情商则能被用于预测一个人能否取得事业上的成功。优异的学业成绩，并不意味着你在生活和事业中能获得成功。

达尔文在他的日记中说："教师、家长都认为我是平庸无奇的儿童，智力也比一般人低下。"但他成了伟大的科学家。

爱因斯坦在1955年的一封信中写道："我的弱点是智力不好，特别苦于记单词和课文。"但他成了世界级的科学大师。

洪堡上学时的成绩也不好，在一次演讲中他说道："我曾经相信，我的家庭教师再怎样让我努力学习，我也达不到一般人的智力水平。"可是，二十多年后他却成为杰出的植物学家、地理学家和政治家。

凯文·米勒小时候学习成绩不好，高中毕业时靠着体育方面的才能，才勉强进入芝加哥大学学习。许多年后，在他公开的日记中有这样的记述："老师和父亲都认为我是一个笨拙的儿童，我自己也认为其他孩子在智力方面比我强。"可是，凯文·米勒经过多年的努力，却成为美国著名的洛兹集团的总裁。

事实已经证明，情商对人的成功有着至关重要的作用。在许多领域卓有成就的人当中，有相当一部分人，在学校里被认为智商并不高，但他们充分发挥了他们的情商，最终获得了成功。

△ 提高自我激励的能力。

情商是成才活动的动力机制。情商的核心动力——自我激励的能力，就是主体善于激发活动的动机。良好的动机，是成才活动的内在动力，它可把兴趣、自信、乐观、热情等情绪因素调动起来，发挥整体效应，形成内部动力机制，对成才活动起着发动、加强、维持的内驱力作用。比如：兴趣能内在地驱使主体从事喜好、有趣、新的活动，激发钻研、探索和成功的欲望，并将这种活动维持在最优的状态。自信往往表现为对自己的肯定，坚信自己一定能成功，主体可通过自我鼓励、自我强化不断战胜成才活动中的困难。

△ 情商是成才活动的"支撑柱"。

在成才活动中，会遇到许多困难和阻力，这需要情商的"支撑柱"作用。情商控制冲动的能力越高，人越能忍受挫折，承受压力，意志更坚强。当遭遇挫折、失败时，情商高的人能冷静、客观地分析失败，找出问题的症结，吸取教训，坚定成功信念，在积极的情绪状态下，进一步实施成才活动。

高情商的女孩更受欢迎

绝大多数人认为人际关系是令他们头痛的事，奇怪的是你越觉得它讨厌，你就越不容易搞好它。于是，我们会羡慕那些总受人们喜欢的人，不知他们的成功秘诀在哪儿。其实，差别就在于情商的高低。

高情商者不仅会受到他人的喜爱，更易得到别人的帮助。

卡耐基告诉我们：成功 =15% 的专业知识 +85% 的为人处世的技能。当然也有人会说是 80% 的人际关系，但无论是哪个数据，都只是为了说明人脉的重要。因为一个不受欢迎的人是无法得到成功的拥抱的。

斯巴达克斯是个奴隶，因为不堪忍受奴隶主惨无人道的压迫，率领奴隶起义，得到成千上万奴隶的响应。后来，起义失败，许多奴隶被俘虏。一位以胜利者自居的将军指着背后的十字架，趾高气扬地说："谁指认出斯巴达克斯，我就可以免除他一死。"沉默了良久，一位奴隶站出来，说："我就是斯巴达克斯！"在这位将军还没有反应过来的时候，又有一个奴隶站了起来说："我是斯巴达克斯！"紧接着，一大片奴隶都站了起来，大声说道："我就是斯巴达克斯！"洪亮的声音回响在大地和白云之间。

是什么力量让奴隶宁肯去死，也不愿意说出谁是真正的斯巴达克斯？因为他们有一个强烈的共同的愿望：无自由，宁愿死！斯巴达克斯受人们的欢迎与热爱、敬重，他与人们在心中结下了一种伟大的友谊，人们愿意为了这种友谊付出自己的生命。

俗话说："交一个朋友比得罪一个人强。"这话有一定的道理。因为一百个朋友不算多，而冤家只要一个就很多了。所以，平时就要做一个广受他人欢迎的人，这样才会有人在你遇到困难时伸出援助之手。

否则，别指望得到他人的帮助，别人不对你落井下石已属厚待了。

秦穆公有一个最大的爱好就是喜欢马。有一次，穆公最爱的一匹马跑丢了，不久有人报告说这匹马在岐山之下被"野人"捉住。穆公知道后，就兴冲冲地到岐山之下去找马。结果，穆公最喜爱的马已经被这伙"野人"当美餐吃掉了！见到这种场面，穆公心如刀割。但是，他虽然十分气愤，却说出了一句令人意外的话："吃马肉不喝酒会伤身体的，快给他们拿点酒来！"于是派人抬来几大桶酒给"野人"助餐。

不难想象，围着篝火又吃又喝的一群"野人"那种手舞足蹈的高兴劲儿，大家尽兴而散。

一年以后，秦穆公率军队同晋国军队打仗。晋军人数很多，一时将秦穆公围在韩原（今陕西境内），眼看就要将秦穆公活捉。危急时刻，忽然从晋军后面杀出一支生力军，一下子把晋军打得七零八落，解救了穆公。待解围后，穆公才得知，这支生力军不是秦国的正规部队，而是去年分食马肉的岐山下的"野人"。这些人因得到穆公的恩赐，念念不忘他的好处，刚刚听到他有难，就赶来解围。这就是"行德爱人，则民亲其上；民亲其上，则皆乐为其君死矣"。

秦穆公脱险归根结底是由于一年以前的一个恩惠，他以自己的行动向我们展示了一个高情商者的魅力。

对于一个国王来说，自己心爱的马被"野人"所食，一般人肯定会控制不住情绪，把"野人"杀个痛快，但若如此又会给秦穆公带来什么呢？难道能换回他的良驹吗？显然不能。所以说情商的高低决定一个人所思所为的差异，而这一切都决定了你给他人留下的印象、受欢迎的程度。

一个人在生活中经常会遇到种种不如意，有的人容易因此大动肝火，结果把事情搞得越来越糟。而有的人则能很好地控制自己的情绪，泰然自若地面对各种刁难，在生活中立于不败之地。就如同故事中的秦穆公一样，最终靠控制自我情绪而赢得了人们的敬重。

情商就是这样一种管理情绪的艺术，如果希望得到他人的欢迎，就要学会了解和管理自己的情绪。掌握并认真利用好这门艺术，将会令女孩受益一生。

△ 情商是思维活动的"激发器"。

心理学家认为，愉快而稳定的情绪，有利于促进脑细胞的兴奋和血液循环，能使人的大脑处于最佳活动状态，思路开阔，思维敏捷，解决问题迅速，灵感也容易出现，人的潜能得到充分发挥，智力活动效率提高。同时，对情绪的自我认知感觉能力可以培养人们对直觉的自知力。而直觉是创造性思维活动的基本形式之一，它使主体能敏锐地察觉到事物之间的本质联系，提出独特的见解和科学的预见，对创造性活动尤其是科学研究有着重大作用。

△ 情商能为成才主体提供良好的生理前提。

生理素质是主体进行成才活动的前提和基础，对主体成才活动起促进或延缓作用。情商的重要内容之一就是具备控制自己情绪的能力，这种能力越高，主体越能及时摆脱焦虑、愤怒、抑郁、悲痛等不良情绪，保持冷静、乐观、热情、开朗等积极的心态。心理医学研究表明：在积极的情绪下，人的中枢神经处于最佳功能状态，人体的内脏及内分泌处于平衡状态。整个躯体协调，充满活力，能为神经系统填充新的力量，充分发挥有机体的潜能，提高脑力劳动的效率和耐久力。相反，长期处于不良情绪下，往往会引起人体病变，引发疾病，延缓、阻碍成才活动。

女孩不比男孩差

宋代才女李清照，擅长书、画，通晓金石，而尤精诗词。她的词作独步一时，流传千古，被誉为"词家一大宗"，而她的人格像她的作品一样令人崇敬。她既有巾帼之淑贤，更兼须眉之刚毅；既有常人愤世之感慨，又具崇高的爱国情怀。她不仅有卓越的才华，渊博的学识，而且有高远的理想，豪迈的抱负。她在文学领域里取得了多方面的成就，形成了自己独特的艺术风格——易安体。真可谓"不徒俯视巾帼，直欲压倒须眉"。

世界著名的女科学家玛丽·居里，研究放射性现象，发现镭和钋两种天然放射性元素，一生两度获诺贝尔奖，有一般科学家所没有的社会影响。作为成功女性的先驱，她的典范激励了很多人。

杰出的女政治家玛格丽特·希尔达·撒切尔，她是英国保守党这块"男人的天地"里的第一位女领袖，她是英国历史上第一位女首相，而且是创造了蝉联三届，任期长达 11 年之久的记录的女首相。英国自 19 世纪初叶利物浦勋爵连任三届共 15 年以后，再没有任何一位首相有过如此之长的执政时间。她是英国历史上第一个以其所推行的一套政策而被冠之以"主义"和"革命"的首相，也是 20 世纪最优秀的首相之一。

这样杰出的女性还有很多，她们在社会中担任着重要的角色，为人类的发展做出了不可磨灭的贡献。她们的成就，与历史上杰出的男性相比，丝毫不逊色。她们就是女孩们树立信心的典范和榜样。

1820 年 5 月 12 日，南丁格尔在父母旅行于欧洲的途中，在意大利的弗洛伦斯城出生。她的父母以此城名给她取名为弗洛伦斯·南丁格尔。南丁格尔毕业于剑桥大学，谙熟数学，精通英、法、德、意四门语言，除古典文学外，还精于自然科学、历史和哲学，擅长音乐与绘画。南丁格尔自幼便在家庭里接受教育。她在当主妇、文学家、护士三者之中选择了当护士。

18世纪50年代,英国、法国、土耳其和俄国进行了克里米亚战争,英国的战地战士死亡率高达42%。南丁格尔主动申请,自愿担任战地护士。她率领38名护士抵达前线,在战地医院服务。她竭尽全力排除各种困难,为伤员解决必需的生活用品和食品,对他们进行认真的护理。仅仅半年左右的时间伤病员的死亡率就下降到2%。每个夜晚,她都手执油灯巡视,伤病员们亲切地称她为"提灯女神"。战争结束后,南丁格尔回到英国,被人们推崇为民族英雄。

1860年,南丁格尔用政府奖励的4000多英镑创建了世界上第一所正规的护士学校。随后,她又创办了助产士及经济贫困的医院护士培训班,被人们誉为现代护理教育的奠基人。1901年,南丁格尔因操劳过度,双目失明。

1907年,英王颁发命令,授予南丁格尔功绩勋章,成为英国历史上第一个接受这一最高荣誉的妇女。后来她还发起组织国际红十字会。1908年3月16日南丁格尔被授予伦敦城自由奖。

弗洛伦斯·南丁格尔的一生,历经整个维多利亚女王时代,对开创护理事业做出了超人的贡献。她毕生致力于护理的改革与发展,取得举世瞩目的辉煌成就。这一切,使她成为19世纪出类拔萃、世人敬仰和赞颂的伟大女性。在中外历史上,能以坚定的信念,排除一切困难并建立特殊功业的人物向来不多。现代护理的鼻祖及现代护理专业的创始人弗洛伦斯·南丁格尔就是一位伟大女性,她对世界的贡献绝对不逊色于任何一个男性。

△ 不要处处强调性别差异。

很多家长都认为,女孩们比男生更需要保护。在日常生活中,无论是家长之间的交谈，还是与子女的交流中，都不自觉地给孩子灌输了性别差异的概念。这样会给女孩们一种心理暗示，即我是女生，男生能做的是我做不到的。这种心理暗示非常不利于女孩的自我认识，很有可能在遇到挫折时首先以性别差异为由打退堂鼓。因此家长们在教育孩子的时候，应该注意这点。应该多鼓励女孩们，给她们树立更大的信心。

△ 区别对待，树立正确教育理念。

虽然我们不鼓励性别差异观念的灌输，但是在家长教育孩子的时候，仍旧应该注意到，女孩与男孩在思考问题的方式上是有所差异的。比如，多数女孩子在高中以前也许成绩很好，但从高中开始，家长们发现，本来很"优秀"的孩子成绩开始下滑了，而很多以前顽皮的男生们成绩开始突飞猛进。这并不是女孩比男孩差，而是因为思维方式的差异，导致女孩们在适应高中课程的时候，需要一个过程。在这个阶段，家长们应该多鼓励女孩们，注意她们良好学习方式的培养和保持。差异是客观存在的，但绝对不是性别决定优劣。

让女孩知道，女孩应该比男孩更懂得自重

当人们谈论起一个女孩，最常赞美的品质之一就是纯洁，纯洁是女孩子最宝贵的财富。因为女性与男性的生理特征不同，女孩更容易受到伤害。因此，家长一定要从小就指导，让女孩懂得自重才能获得人生的幸福。

中国古人经常把"君子"作为人格培养的典范，北宋周敦颐的《爱莲说》很好地诠释了君子的形象："出淤泥而不染，濯清涟而不妖。"而这种高洁，最根本源自个人的持重。尤其对于女孩来说，这种自重更加可贵。

最近妈妈觉得，女儿小琴的举止有些神秘。放学回家之后，就马上回到房间里关起门，吃饭的时候，也不像以前那么有说有笑了，而且开始注意自己的打扮。妈妈觉得小琴很可能是有早恋的苗头了，因此决定和她谈谈。

周末，母女二人在家里看电视剧，刚好有男女主角拥抱的镜头，妈妈看到小琴的脸红了，于是拉起她的手，轻声地问："小琴，你是不是有喜欢的男孩子了？"小琴很紧张地摇摇头。妈妈说："没关系。妈妈先给你讲个故事吧。妈妈读中学的时候，有一个特别好的朋友，她长得很漂亮，学习成绩也好。那时候，妈妈知道她很喜欢一个男生，两个人还偷偷出去约会。你知道后来发生什么了吗？"小琴撇撇嘴，说："肯定是因为早恋，成绩下滑，没考上大学呗。"妈妈说："呵呵，你猜错了。后来啊，他们都考上了很好的大学，大学毕业之后，就结婚了。他们还生了一个特别聪明漂亮的女孩呢。"妈妈一边说，一边抚摸着小琴的头，"这个女孩最近神情恍惚，特别喜欢照镜子，她妈妈很担心，所以打电话问我要怎么办。"小琴想了想，笑了："妈妈，你说的故事里的人，就是您自己吧？"妈妈说："小琴真聪明。我和你爸爸就是在中学的时候互相有好感。当时班里也有其他同学谈恋爱，听说还有同居的。但是我们当时的约定是，一定要考上好的大学之后才能在一起。所以，早恋不一定都是负面的，关键是我们要自重自爱，不能随便轻浮。有些女孩子，年纪轻轻就谈了很多男朋友，还有些女孩对自己的身体不负责，甚至影响了以后的生活。这些，我聪明的女儿肯定都明白的，对吧？"小琴脸红了，深深地点了点头，说："妈妈，这些我都懂。我们学校开了生理卫生课，你放心，我懂得怎样自重自爱。我也会像您那样，不会耽误了自己的学业。"

纯洁自爱的女孩像是含苞待放的花蕾，美好、惹人怜爱。家长们都希望自己的女儿可以获得一辈子的幸福。因此，家长们一定要让孩子懂得，身为一个女孩子，自重自爱直接关系到的是未来人生的幸福。

△ 选择合适的谈话时机。

很多家长发现女孩有不正常的举止时，往往非常心急，比如会偷偷撬开孩子的房门，或者偷看孩子的日记，或者在孩子情绪不稳定的时候步步逼问。这些都只能让孩子产生叛逆心理，非常不利于沟通。正确的做法是，选择一个孩子比较放松的环境氛围，以平常的语气进行询问，不要居高临下地批评或者教育，而是要让孩子明白，家长的出发点是为了不让她们受到伤害。

△ 敏感话题不要时时回避。

很多家长对于"性"感觉难以启齿，其实孩子们非常需要家长的指导。比起学校、网络等其他途径，家长对子女性教育的效果是最直观最好的。正确的引导有助于女孩子对于自身生理有进一步的认识。可以多给她们举例子、讲故事，这样才能让她们从心底认识到白尊自重的可贵。

让女孩告别"小刁蛮"

不要让女儿陷入孤僻的陷阱

随着经济的发展，年轻的家长工作压力普遍增加，用于关注孩子的时间骤减，孩子很可能因为过多地独处而通过电视等媒体形成性格定式。虽然年轻父母们学历都不低，但98%的家长仍然对家庭教育缺乏最起码的知识。他们未参加过任何形式的家长座谈会或培训，所读书籍也仅仅局限在3～5本。因此自己没有能力和方法来增进父子或母子关系。

研究表明，父母感情不和，家庭冷暴力是威胁当代儿童精神健康的重要因素之一。缺乏父母关爱或过于严厉、粗暴的教育方式，子女得不到家庭的温暖，会变得畏畏缩缩、自卑冷漠，过分敏感、不相信任何人，最终形成孤僻的性格。而缺乏必要的社会交际技能能力和方法，也会让孩子在人际交往中遭到拒绝或打击，如耻笑、埋怨、训斥，使她们的自主性受到伤害，便把自己封闭起来。越不与人接触，社会交往能力就越得不到锻炼，结果就越孤僻。

孤僻症可能使孩子失去主动思维，在认知的学习中孩子们可能变得被动、不再爱动脑筋，更不利于孩子将来抽象思维的发展。孩子变得沉默寡言、行为举止怪异，学习能力、思维能力、交际能力、判断能力等下降。丧失交流能力，长期不与人交流或答非所问导致交流能力下降，严重者会逐渐丧失交流能力。

父母注意自己平常对孩子的评价和态度。父母要是动不动就批评、否定孩子，甚至指责训斥孩子，孩子就会丧失自尊心和自信心，会认为自己很笨或行为不好。几经反复，这种自我体验就会沉淀下来，使孩子形成自卑孤僻的性格。总认为自己什么都不会、都不行，谁都不如，从而一个人缩在一旁不敢出声、心情压抑。所以父母对待孩子要尽量采用一些积极的评价，比如，"虽然你不是做得最好的，但妈妈仍要表扬你，因为你是最努力的一个了。""你要是再加把劲的话，一定做得更好！"这样注意评价，多肯定和鼓励孩子，如爱抚、夸奖，都会收到出乎意料的效果，使孩子自信、开朗起来。

增加孩子的"参与"意识。父母要多与孩子进行情感交流，鼓励孩子陪同父母外出采购、参与做饭或帮邻居取报、取奶、送信等，以让其与人进行交往及培养其助人为乐的品德。

帮助孩子在他的圈子中建立良好的人际关系，为以后的社会交往打下坚实基础。教育孩子学会关心他人。在家庭教育中，父母要经常鼓励孩子同学、邻里友好相处，使孩子在与别人相处的过程中，学会与人友善、和谐的交往。鼓励他们多参加集体活动，让孩子能感受集体主义精神，淡化以自我为中心的小我意识局限性。

父母对孩子要既爱又严，建立规范。在日常生活中，父母要建立规范，不要让孩子养成自私自利、眼里只有自己没有他人的坏习惯。教育孩子心中要有他人，为别人着想。在家里懂得关心父母、老人。在外面，引导孩子去关心别人，关心左邻右舍，关心、帮助同学，尊敬老师，在公共场所关心他人。当孩子做得对时，父母要及时给予肯定、赞许、表扬的回复，表现出因为孩子的行为而感到自豪，让孩子觉察到自己做了符合道德标准的事情，产生积极的情绪体验，她就会再接再厉的。

帮助孩子克服依赖心理。父母应该要求孩子克服依赖性，促其自理，使之自强，教之自立，从日常生活、劳动做起，让孩子养成爱劳动的习惯，培养其独立能力。自立的孩子，不但能克服孤僻，而且通常都会受到欢迎的。

没有爱，就没有教育。爱是生命的主旋律，父母要帮女儿树立安全感与自信心，鼓励她发展自己的特长，赞扬她的进步和成绩。不要对孩子提出过高的要求，只要她能达到力所能及的目标就可以了。

△ 要让孩子避开孤僻的陷阱。

为孩子创设一个良好的家庭氛围。如果父母双方不和睦，经常吵架的话，孩子的心灵就会受到创伤，或者得不到应有的关怀和培养，就会因此而整天沉默寡言、闷闷不乐，从而性格变得孤僻。因此，家长应给孩子创造出一个和睦、融洽、民主的家庭环境，让孩子真正感到自己是家庭中的重要一员，让孩子体验到家庭生活的温暖和欢乐。

△ 扩大孩子的生活空间。

家长应让孩子从"自我"的小圈子里走出来，让孩子多与邻居的孩子一起玩耍、游戏、生活。父母可以利用节假日之类的业余时间带孩子到游乐园、动物园、公园等地方玩；带孩子去串门、走亲戚，减少孩子对不同人、不同情境的陌生感，增强其交往欲望和兴趣，这样孩子的性格就会朝着活泼、开朗、大方的方向发展。

教女孩学会忍让

我们常说，要"严于律己，宽以待人"，这里的宽，就是宽容的意思。我们也说"得饶人处且饶人"，这里的饶，也有宽容的意思。

法国19世纪的文学大师雨果曾说过这样一句话："世界上最宽阔的是海洋，比海洋宽阔的是天空，比天空更宽阔的是人的胸怀。"宽容是一种博大，它能包容人世间的喜怒哀乐；宽容是一种境界，它能使人生跃上新的台阶。

宽容忍让是人生的一种豁达，是一个人有涵养、有品格的重要表现。没有必要和别人斤斤计较、争强斗狠，给别人让一条路，就是给自己留一条路。

宽容忍让的品质可以让一个人的一生受益无穷，可是现在因为种种原因，我们的孩子越来越欠缺这种品质。一位老师是这样做的：

为了让孩子们学会友好相处，我教他们用"让一让"作为解决矛盾的方式。我先给他们讲"小山羊过桥"的故事：两只小山羊同时从两边过独木桥，在桥中间相遇，谁也不让谁，结果都掉到山涧里摔死了；然后引导小朋友想想这两只小山羊为什么会掉到山涧里去，怎么做才可以都平安地经过独木桥；接着想象一下如果在大街上，或在幼儿园里谁都不让谁，会成什么样子。孩子们想象开了，有的说汽车会撞汽车，有的说汽车会轧死人……接着我让小朋友谈谈"让一让"的好处，然后希望大家学会"让一让"。这以后，孩子之间的矛盾减少了。即使出现了矛盾，也能用"让一让"的方式妥善解决。

有个教育家曾经做过一个试验，将十个球放进一个瓶口刚好够一个球进出的瓶子里，吊着球的线分别交给十个小朋友，然后让小朋友用最快的速度将十个球全部从瓶子里拿出来。这个教育到了美国、英国和日本等国家，小朋友都没能把球拿出来，因为教育家一说开始，小朋友们就争先恐后地往外提线，结果谁的球都拿不出来。奇迹出现在中国，教育家说明规则后，十个中国小朋友小声商量了一下，然后一个接一个将球提了出来。教育家感慨地说："中国小朋友让我见识了什么是忍让。"

忍让，是大智大勇的表现，它不计较一时的高低，眼前的得失，而是胸怀全局，着眼未来；忍让，是一种美德，它以宽广的胸怀，无私的心灵去容纳人、团结人、感化人。忍让，是一种修养，它面对荣辱毁誉，不惊不喜，心静如水。

女孩应该懂得忍让，这样的品质会使每个女孩受益终生。

张良是汉初功臣，与韩信、萧何合称"汉三杰"。祖父、父亲原来都是韩国的宰相。韩国被秦消灭后，他被迫改名逃亡。有一次他在桥上散步，遇到一位穿布短衣的老者，那老人故意将自己的鞋子扔到桥下，喝令张良到桥下给他取鞋。张良非常生气，但看他年迈，就忍着性子给老者取回鞋。可那老者又命张良给他穿上，张良又跪着替他穿好。老人一声未谢，只是笑笑就走了。没有走多远，老人又回来，对张良说："你这孩子还不错，可以教导，五日后天明时，在这里和我会面。"张良点头答应。五日以后，天刚明，张良来到桥上，见老人已先到，老人生气地指责张良失信，与老人约会不应迟到，并说："再过五日早点来。"五日后，鸡刚啼鸣，张良就到桥上，可老人已站在桥上等他。老人转身就走，生气地说："过五天再早点来。"又过了五日，这一回张良半夜就到桥上等。不久，老人来了，很高兴，夸奖张良这一次没有失约。老人拿出一部书，说："读了这部书，就能做帝王的老师了，10年后就会得到验证。13年后，我们会在济北见面，谷城山下的黄石就是我。"说完话，老人就走了。天明以后张良看老人送的书，原来是《太公兵法》。相传张良得此兵书，才干大增，后来成为刘邦的重要谋士，为刘邦六出奇计。

"忍耐能消弭一切灾祸""忍耐是痛苦的，但它结出的果实是甜美的""要输得起自己，才赢得起别人""有理让三分，冤家也成亲""暂且忍耐一下，诽谤不会常存。真相是时间的产物，不久它会出头为你辩诬。"……这些千百年流传下来的中外谚语，都在证明同一件事情：忍让是培养美好人格必备的品德。

△ 要注意培养女孩的责任心与孝心。

在日常生活中，让她懂得她也是家庭中的一员，要一起做些家务事，当然是力所能及的，在劳动活动中培养合作精神，学会宽容忍让。要使孩子尊重父母，孝敬祖辈。不吃独食，不与长辈顶嘴，体谅长辈的辛苦，珍惜长辈的劳动成果。家庭成员之间相互关心，孩子也要懂得体贴。

△不要有求必应。

女孩必需的可满足，不合理的要限制。有些合理的也可延缓满足，以培养孩子的自制能力。为孩子创造与同伴交往的机会。告诉孩子要与人为善，要为他人着想，使之在与同伴发生的矛盾中体会到宽容可以化解矛盾，只有团结友爱、宽容谦让，才能享受与同伴交往的快乐。

学会低头，不失为一种明智的选择

在一条南北走向的峡谷上，西坡长满了松、柏、女贞等树，而东坡只有雪松。造成这种景象的原因其实很简单，东坡的雪总是比西坡的雪下得大，当雪积到一定程度的时候，雪松那富有弹性的树枝就会向下弯曲，直到雪从枝上滑落。这样反复地积，反复地落，雪松完好无损。其他的树因无此本领，便无法在东坡存活。

我们从小所接受的教育是"永不低头""永不言败"，否则你就是懦夫。其实，"学会低头"是一种人生智慧。面对外界的压力，雪松尽力地去承受，当承受不了的时候，暂时弯曲一下。能屈能伸，刚柔相济，正是这种气度和风范，使松树经受了一场场暴风雪的洗礼。

被称为美国之父的富兰克林，年轻时曾去拜访一位前辈，那时他年轻气盛，抬头挺胸迈着大步，一进门，头就狠狠地撞在了门框上。出来迎接他的前辈看到他的狼狈样，笑笑说："这是你今天拜访我最大的收获。要想平安无事地活在这世上，你就必须时时记得低头。"从此，富兰克林把"记得低头"作为毕生为人处世的座右铭，最终功成名就。而唐朝的柳宗元严正刚直，抨击官场丑恶锋芒四射，结果遭到种种打击，在事业上遭到严重挫折，还被逐出京城长安，流放到南方边境。到了晚年，他才有所感悟。因此他说："吾子之方其中也，其乏者，独外之圆者。固若轮焉，非特于可进，亦可退也。"他意识到自己行事不够圆滑，总是一味地高调，不懂得避让，因此不但没有惩奸除恶，还使自己的事业受到了极大的影响。

一个人固然不能没有自己做人的准则，但一味"方正"，不会"圆通"，该"低头"的时候不能"委曲求全"，就不能进退自如，而会陷入被动。只有强度而没有弹性和韧性的钢材称不上好钢；负重前进的车轮，必须是圆形，还得加上润滑剂。我们在为人处世上倘若过于

"有棱有角"，直来直去，凡事没有变通的余地，一味地刚强，一味地强撑，只会给自己带来不必要的伤害甚至牺牲。

低头不是妥协，而是战胜困难的一种理智的忍让；低头不是倒下，而是为了更好更坚定地站立。该低头时就低头，调整一下目标，改变一下思路，就能巧妙地穿过人生荆棘，发现柳暗花明又一村的无限风光。

△ 要让女孩懂得，能屈能伸并不是忍辱负重。

家长要让孩子知道，适当地低头并不代表屈辱。女孩子的自尊心很强，千万不要让她们觉得变向的"屈服"是一种耻辱。低头是为了更好地达成目标。家长要培养孩子正确理解成功的含义，"曲线救国"是为了让付出和回报更合理地分配。

△ 言传身教很重要。

如果父母都是强势的人，那么子女很容易性格倔强。如果父母都是善于有所退让以达到更好效果的人，孩子也会从父母身上深刻理解到这种品质。比如在谈到各自工作的时候，应该避免表现出强硬的立场，而是应该多谈论一些认识并分析、解决问题的方法，这样，孩子们耳濡目染，能更直观地认识到适度低头的益处。

告诉女孩：说对不起真的很管用

孩子在游乐场玩得正开心，突然哭着向你跑过来，你忙问原因，孩子委屈地说：

"刚才有个小朋友踢到我的腿了。"

"他不是故意的吧。"

"可是他没有和我说对不起。"

"对不起"这三个短小的字虽然看起来平平常常，但却蕴藏着无穷的力量。

试想，当你在路边散步时，突然被一个骑自行车的人给撞倒了，正当你怒发冲冠准备发火的时候，那人轻轻地对你说声"对不起"，你要生的气是不是就生不起来了。在我们的生活中，当我们相互发生了不愉快的事情时，如果我们都能够做到礼貌，时时多讲两句"对不起"，许多大事就可以化小，小事便可以化无了。

而且，更重要的是，让女孩学会说"对不起"，其实就是教育孩子要勇于承担自己的责任。一个做错了事而不敢去承担的人，就是一个没有责任感、没有价值感的孩子。她无法找到自己的生命在社会中的地位与重要性，也找不到前进的方向，就失去了创造成就的动力，最终将一事无成。这样的孩子是可悲的，这样的妈妈也是失败的。

麦克坐在靠近门边的书桌前写作业，外面风很大，作业本被风吹得"啪啪"直响。于是麦克不得不一次次跑去关门，每次关上没多久，一阵猛烈的风就又把门吹开了。

这时，邻居有事来找妈妈，她没有进门，便和妈妈俩人站在大门外闲聊起来。

恰巧此时门又被风吹开了，麦克跑过来用力关门，只听外面传来一声痛苦的叫喊声。

麦克打开门惊恐地看到，门外的妈妈五官痛苦地扭曲在一起，看到麦克出来，妈妈暴怒地冲他扬起了手。原来，刚才妈妈的手放在门框上，麦克突如其来的关门，差点把妈妈的手指夹断。

麦克吓坏了，以为这次一定免不了一顿暴打。但是妈妈的巴掌一直没有落下来，麦克的脸颊感受到的也仅仅是一阵掌风而已。

事后，手指受伤的妈妈对麦克说："当时我实在痛得厉害，原想狠狠地打你一个耳光。但是，转念一想，是我自己把手放在夹缝处的，错的人是我，凭什么打你？"

麦克的妈妈用自己的行动告诉了麦克一件事情，那就是要勇于承担自己的责任，敢说"对不起"。

有的妈妈认为女孩做错事时道不道歉并不重要，只要孩子下次注意就可以了，但是当错误产生时，妈妈一旦无原则地让步，对孩子姑息放任，其实就是变相地提示孩子，自己的错误可以不用承担。

每个人都不是天生就具有责任感的，都是在适宜的条件和环境下萌发的，并随着年龄的增长和心智的逐渐成熟而形成的。因此，家庭是孩子责任感赖以滋长的土壤，妈妈对待孩子的态度以及教育方法，是孩子的责任感能否形成的重要条件。

为了教育好自己的孩子，妈妈需要注意以下几点：

△ 当女孩犯错时，家长一定要她说"对不起"。

当孩子犯了错误时，千万不要偏袒她们，而是应该让她们为自己的行为担起责任。逃避责任，只会让孩子留下人生的硬伤，甚至一错再错。比如孩子吃饭的时候打翻了自己的碗，要向妈妈说"对不起"；不小心踩到了小朋友的脚，也要马上道歉，说"我不是故意的"。

△ 要给孩子做最好的表率。

妈妈错怪孩子的时候，也要勇于向她们道歉。比如你发现自己晾在阳台的衣服不翼而飞了，你以为是孩子淘气藏了起来，便不听孩子的解释把她教训了一顿。当你发现衣服其实是被风吹到了楼底下的时候，不能放不下面子就这样算了，你应该马上向她道歉，孩子便能感同身受，下次自己遇到这样的事情，才会勇于承担。以身作则，是教育孩子的最好方法。

△ 教孩子做一个和善的人。

当自己受到触犯的时候，要勇于原谅别人的错误，学会换位思考，比如在餐厅吃饭，一个小朋友不小心把饮料泼在了孩子身上，这个时候可以教孩子想一想，如果你是她的话，一定已经非常内疚了，我们就不要再责怪她了。让孩子做一个大气、宽容的人，才能得到幸福和快乐。

帮女孩摘掉"善变"的帽子

教孩子学会自我负责

威灵顿曾说："我来到这里是为了履行我的责任，除此之外，我既不会做也不能做任何贪图享乐的事。"

每个人都有着不可推卸的责任。

一个人，要赢得尊重，就必须承担起自己的责任。这句话应该成为每个女孩的人生准则。

没有责任就没有尊重，没有责任更不可能有成功。一个逃避责任的人注定失败；而一个勇敢承担责任的人，即使没有傲人的成就，也是一个生活中真正的强者，真正的赢家！

高成熟、高成就的人最突出的一个特点就是他们愿意对生活中发生的一切承担全部责任。对任何事情都承担100%的责任是生活、学习、成长和发展的唯一路径。

孩子走路跌倒或不小心碰到身体的某个部位，很多家长有一个很不好的习惯做法，那就是，迁怒于其他物体。比如，是凳子绊倒了孩子，妈妈就会说："我们打凳子，害我们宝宝跌疼。"于是妈妈作势打凳子，而孩子因为转移了注意力，也就不哭了。妈妈觉得这招很灵：瞧，孩子不哭了！可是这一招有个很不好的长期效应，那就是孩子认为在任何时候都可以转移责任。比如，凳子绊倒了她，本来是她的责任，妈妈应该告诉她，下次走路要避开凳子，注意凳子的腿，等等。但是，如果迁怒于凳子，给女孩一个信息：以后有什么事情，都可以找到"替罪羊"。长此以往，很难期待这样的孩子能有极强的责任感，推卸责任倒有可能是她的拿手好戏。比如，几年之后，孩子长大了，早晨匆忙中忘记了带课本，回家以后却怪妈妈："都怪你！早晨也不让我带课本！"

教育者要教会孩子承担自己行为的后果，要为自己的行为负责，而不是光踢凳子。只有承担责任，孩子才能感到自己掌握了控制权，才有利于建立自信。如果所有的控制权都在别人手中，孩子对自己的所想、所做没有一点责任感，那将会使孩子感到自己是软弱的，被动的。缺乏责任感必然会削弱自信。

许多年以前，南非有一个叫古列的小镇发生了地震，5个在游乐官玩耍的小孩全部被压在瓦砾中，唯独10岁的小奈尔从石缝里爬了出来，他在医院里昏迷，一天一夜醒来后，忽然记起那几个小伙伴的哭喊声，他翻身下床，拖着一条受伤的腿，拼命地往游乐官爬行，他对救护人员说："那里有我的朋友，是我带他们去玩的，我有责任把他们救出来！"后来，人们根据他的记忆，找到了路径，经过几个小时的艰苦营救，终于将奄奄一息的小朋友救出来，小奈尔终生残废了，但他却赢得了人们的尊敬。

著名少年儿童教育专家孙云晓分享过一则教育案例：

11岁女儿孙冉和9岁的邻居小男孩郑重经常到家前面的一家大饭店门口的停车场玩。一天晚上，他们玩得正高兴，被身着制服的警卫赶走了，怕他们不小心弄坏了汽车。回到宿舍楼区，孙冉突然闪出一个念头：要报复一下那个警卫，结果得到郑重的同意，他们捡了好些小石子，用停放的汽车做掩护，溜到警卫身后，朝水泥地使劲地扔石子，石子落地的响声吓坏了那个警卫，他紧张地东张西望，孩子们边笑边跑了回来。一连几个晚上捣乱，警卫都没有逮到他们。一天晚上，他们又如法炮制，结果被警卫发现了，孙冉吓得跑回了家，而身后的郑重被抓住了。

孙云晓问女儿："怎么了？"女儿泪流满面地哭了。在孙云晓再三追问下，女儿支支吾吾地讲了事情的经过。孙云晓严肃起来，说："主意是你出的，你是姐姐，郑重是弟弟，你应该负责，否则你明天怎么见他呢？你马上去承认错误！"

女儿犹犹豫豫地走了出去，到了郑重家惭愧地向郑重道了歉。

家庭教育千头万绪，关键是孩子责任心的培养。没有责任心的人是最不值得信赖的，责任心是孩子能否成为一个真正的大写"人"的关键。

很多女孩身上都有着明显的"公主病"，即不肯承担自己的责任。当女孩们离开家长们的呵护，步入社会，这种不自我负责的态度会让她们在工作中和人际交往中无法得到正面的肯定。因此，家长们应该从小就教育女孩们，自己做的事情，就要自己承担后果，在做之前，三思而后行。一旦出现问题，必须自己面对。

△ 对女孩要量力而行。

如果经常安排孩子做力所不能及的事情，孩子无论怎样努力，也很难完成。时间长了，孩子会找各种借口来逃避，久而久之，会养成不敢负责的习惯。所以，平时安排孩子做事情，要根据孩子的能力量力而行，目标要求不能过高。

△ 让女孩将任务完成到底。

如果孩子没有把事情做好时，父母只是唠叨几句，忍不住自己接手把事情完成了，而不是要求孩子重做或继续这件事情，孩子不知道如何负责任。所以，当孩子没认真完成安排的事情时，家长一定不要代劳，必须让孩子重新或继续完成，而不是直接动手将事情办好，这样，孩子才知道如何负责任。

△ 多赞美和鼓励女孩。

如果孩子无论怎么做，父母都不满意，不是笑话孩子这里做得不好，就是指责那里做得不行，久而久之孩子会觉得沮丧难过，失去自信心，而不想负责任。所以，无论孩子把事情做得怎么样，只要是孩子尽力去做了，父母都要赞美和鼓励孩子，陪伴孩子一起解决没有做好的问题，让孩子养成负责任的习惯。

做事贵在善始善终

曾经有个老木匠准备退休了，他告诉他的老板自己年纪大了，不想再做盖木房子的手艺了，他知道这样收入会少些，但还是决定退休。想和老伴儿过过清闲的退休日子，享受晚年的生活。虽然他也会惦记这段时间里，还算不错的薪水，不过他还是觉得需要退休了，生活上没有这笔钱，也是过得去的！

老板舍不得他的好工人走，问他看在多年的交情上是否愿意再帮忙盖"最后一栋房子"。老木匠答应了，但是看得出来老木匠的心已经不在盖房子上面：他用的是软料、次料，出的是粗活，手工非常粗糙，工艺做得更是马马虎虎。老木匠终于草草地完成了"最后一栋房子"，他请老板来验收。

老板来到房子前面，见到老木匠，手里递过一把钥匙给老木匠，拍拍老木匠的肩膀，诚恳地说："这是你的房子，是我送给你的退休礼物！"

木匠震惊得目瞪口呆，羞愧得无地自容。

《诗经》中说："靡不有初，鲜克有终。"意思是说做人、做事没有人不肯善始，但很难善终。细细体味此言，其中的确蕴含着深刻的哲理和警示。对于孩子们来说，学习一门新的语言，培养对音乐的爱好，参加舞蹈班等，最初都是热血沸腾的。但是很多孩子随着学习的深入渐渐觉得苦、累、枯燥，于是中途放弃。只有那些坚持到最后的孩子，才有可能出类拔萃。培养孩子们知难而进、坚持不懈、善始善终的品质，这些是孩子通往成功之路的关键。

人们都说：好的开头是成功的一半。这只是一个善始，要真正的成功，善终才是美丽的结局。做任何事都需要善始善终，谁能笑到最后，谁才是最美的。

能够善始善终的人必定是有用之人，定能为社会的进步做出贡献。爱迪生发明灯泡时，为了找到最佳的灯丝材料，先后用了上千种不同的金属材料。不幸的是一次大火将他的实验室化为灰烬，一切资料都变成一缕青烟，但是他没有灰心。经过不懈的努力，最终灯泡成功面世了。

善始善终需要毅力做后盾。女孩只要能善始善终，定会得到成功的青睐。

家长缺乏教育孩子独立担当的意识。过度照顾、包办太多，不让孩子做事，做不完做不好就替她做……久而久之，就难以养成善始善终的习惯。

逼孩子做她不感兴趣的事情，或者要孩子机械式地重复做单调枯燥的事情，孩子就不能激发做事的热情，做事就难以善始善终。

批评指责过多，表扬激励过少，孩子的自我评价就很低，感到自己这也不行那也不行，缺乏自信心，也就缺少把事情做到底、做好的韧劲和勇气。

要想孩子做事善始善终，首先要使孩子对从事的工作有兴趣，"兴趣是最好的老师"。有了兴趣，才可能激发善始善终的欲望，把事情办好。

在家庭事务和学校生活中定岗定位，对自己的行为敢担当，做事做到位。有责任感的人才能有始有终做好事情。

孩子完成任务要表扬鼓励，让孩子体验成功的快乐；没把事情办好，要引导孩子去寻找原因，避免无休止地指责埋怨。保护孩子的自信心。

△ 制订计划，奖惩分明。

善始善终，恒心和耐心是必要条件。要帮助孩子制订计划，确定目标，规定要求，作出奖惩，持之以恒，这样才能激发孩子做事有始有终。

△ 家长的定期督促有助于孩子的坚持。

孩子好奇心强，什么都想去摸摸、去试试，但是随意性很强，做事总是虎头蛇尾或有头无尾。所以教给孩子做的事情，哪怕是很小的事情，爸爸妈妈也要有检查、督促以及对结果的评价，以便培养孩子持之以恒，认真负责的好习惯。例如，当孩子要养些花草动物时，家长在答应前，可以让孩子承诺定时浇水或给小动物喂养等。

帮助女孩克制优柔寡断

早晨，一只山羊在菜园子外面徘徊，它想吃里面的白菜，可是有一道栅栏把它挡在了外面，它进不去。这时，太阳徐徐东升斜照着大地，在不经意中山羊看见了自己的影子很长很长。它以为自己很高大，于是便想：我这么高，干吗不去树上吃果子呢？可是当山羊走到果树边的时候，已是正午，太阳当头，山羊看见自己的影子很短，心里想："我的影子这么短，看来还是去吃白菜的好。"于是它又匆匆忙忙转身往回跑。等跑到菜园子的栅栏外时，太阳已经偏西，它的影子重又变得很长很长。"我干吗非要回来呢？"山羊又想，"凭我这么大的个子，吃树上的果子是一点问题也没有的。"

有时候，我们也有像山羊的那种想法，想想这个也好，想想那个也不错，可最后呢却是像山羊那样一无所获。因此，只要你做出了自己的选择就不要轻易改变，否则会一事无成。

非洲草原上，金合欢树尽情地舒展开树冠，犹如一把硕大的遮阳伞。树下鲜嫩的青草吸引来了一群黑斑羚，在它们看来，这里无疑是相对理想的休憩场所——既可以享受到荫凉，又能够品尝可口的美味。当然，对于食草动物而言，危险也是无处不在的。瞧！不远处的草丛中，就埋伏着一头猎豹。

猎豹从逆风处，蹑手蹑脚地向羚羊靠近——这是大型猫科动物在捕猎时所采取的惯用伎俩，并且每次都需要事先盯上某一只猎物，然后对准它猛冲过去。

这一回，猎豹心想："数量这么多，我到底应该盯住哪一只呢？看——那只，只顾着低头吃草，暂时丧失了警惕，就去抓它吧……哦，不，在它身旁，还有一只雄性，头上仅剩下一只犄角，另一只角，估计是在打斗中，被对手折断的，想必这头羚羊的反抗能力，会大大下降，大概不难捕捉……嘿！还有更好的呢，那只倚在树干上的羊，膘肥体壮，看哪！它身上的肉多么厚实。捕猎的目的不就是为了吃到更多的肉嘛，我杀死了它，能饱饱地吃上一顿，两天内都不用再为进食发愁了……再等等，还有更合适的吗……"

这时，树顶的狒狒们居高临下，它们发现了猎豹的身影，便立即发出警报。黑斑羚顿时集合在一起，朝一个方向撒腿猛跑。猎豹见此情景，只得遗憾地接受眼前的事实，他晓得：追捕已经来不及了，而出其不意的伏击及短距离冲刺——才是他的撒手锏。

猎豹来到树下，它不像花豹那样拥有爬树的本领，它仰面指责狒狒们多管闲事——破坏了它的计划，使它失去了几乎到手的美餐。其中一只狒狒回答道："你真活该！谁让你犹犹豫豫的，在草丛里蹲了这么半天，也不发动攻击。假如你能找准时机，该出手时就出手，那你此刻早就尝到羊肉的滋味了。"

处事优柔寡断是人的性格和思维判断不确定造成的。在生活、工作、环境和生命过程中需要果断和魄力，它基于人的全面的素质和能力。在行动中的具体表现是：始终贯穿于理性指导下的激情与活力！细节就是人的主动过程，由此获得预期的结果也在情理之中。

△ 不要对女孩管束太严。

管束过于严厉，会让孩子只懂得顺从，循规蹈矩，失去自己判断事情的能力。遇到事情的时候，很容易举棋不定，错失良机。

△ 鼓励女孩自己做决定。

很多家长喜欢帮孩子决定一切。当孩子提出异议的时候，往往以她们年幼不成熟为理由进行否定。这样，孩子真正面对问题的时候，就会怀疑自己的能力，优柔寡断。家长们应该以大方向引导为主，可以通过诱导孩子思考，形成正确的思维判断模式。

培养一颗勇敢的心

那些勇敢坚强的女孩，很容易成为精彩故事的主角。她们不怕困难，勇敢坚定地寻找着自己的梦想。

故事发生在 18 世纪的美国。

那一年，春天早早地来到峡谷。

矮松抖落身上的残雪，暖风融化了积雪，蓝晶晶的水在树下汇集，流过草地，流下峭壁，唱着潺潺的歌，一路经过印第安人的部落，宣告着春的消息。

一个名叫"晴朗的早晨"的印第安姑娘赶着属于母亲的羊，早早地来到峡谷中的平原上。就在这个美好的早晨，一队骑着马、头戴宽边帽、马鞍上挂着步枪的白人军队的到来，打破了这里平静的生活。

白人军队强迫居民们搬迁到指定的土地上生活。酷爱自由的印第安人和白人士兵拉开了一场持久的对抗。白人带着精良的武器，掠夺着这片纯净的家园，还有一些人贩子趁机干着贩卖人口的勾当。

"晴朗的早晨"被人贩子捉住，卖到离家很远的一个城市。她联合另一个印第安姑娘一起逃跑。她们不眠不休，经历了千辛万苦，终于回到了自己的部落。

不料，没多久，大部分印第安部落都被驱赶。"晴朗的早晨"这个机智、勇敢的姑娘，她有着铜墙铁壁一样坚定的信念。她和"好小子"一起瞅准机会，逃离了被驱使的命运，最终回到了自由的大峡谷。

如果不是拥有一颗勇敢的心，"晴朗的早晨"将失去一辈子的自由和幸福。

勇敢是每个女孩必须具备的品质。在成长的过程中，父母不应该把孩子完全包裹在羽翼下小心地保护起来，而是必须让女孩们知道，独立地面对困境的勇敢品质，才是健康成长、取得成功的关键。

中国的父母，在女孩没出嫁之前，都把她们当成小孩子，当出现问题的时候，总是代为解决。这种让孩子与现实世界脱节的培养教育，造成了很多孩子缺乏心理承受能力，无法面对挫折困境的事实。

孩子总是有需要独立面对世界的一天，对于女孩来说，不应该让"柔弱"再成为主宰她们的性格。勇敢的品格，需要从小开始培养。小到摔倒了让孩子自己爬起来，大到面对困境的时候，可以让孩子独立地思考问题，获得解决的方案。

身为家长，应该相信，女孩们的勇敢，并不啬于男孩子。我们熟知的体操运动员桑兰，不正是乐观面对逆境的勇敢女孩的诠释吗？

△ 勇敢并不是莽撞盲从。

勇敢并不是不经思索的莽撞盲从，而是面对逆境时坚定乐观的心态。家长应该鼓励孩子在遇到困难的时候不要轻易地放弃，更不能教孩子如何回避问题。正确的做法，是鼓励孩子正视问题，认真思考。一旦做出了选择，就要坚持下去，用坚强的意志力，支撑起勇敢的心。

△ 培养女孩勇敢的心，要从点滴做起。

孩子摔倒了，不要马上过去扶起来，而是鼓励她们自己站起来；班级的小测验没有考好，不要一味地批评，而是要鼓励她们坚持学习，争取下次有好的成绩；教孩子基本的生存技能，即便有一天灾难来临，她们也会临危不惧……小到生活的琐事，大到生存的考验，每一个瞬间，家长都有机会去培养女孩们勇敢的品质。勇敢的女孩懂得如何更好地照顾自己，照顾身边的人。勇敢的女孩，能够冷静地处理问题，正确地对待人生不同的阶段。女孩拥有了勇敢的心，才能成为自己的主宰！

第八章

女孩贵在自重自爱——用心培养自尊女孩

满足女孩的各种需求

让她知道你理解她

尽量给女孩们爱，让她们充分享受到爱，这对她们的一生都有很大的影响。对这一点人们是普遍认同的。但说原则的东西、抽象的东西容易，涉及生活中具体的事情做起来就不容易。我们平时给女孩的时间都不多，越是大城市的家庭，孩子和父母沟通的机会就越少。因为家长很忙，时间总是不够，各种事情都排在孩子前面。没有时间跟孩子一起读书、交流，没有时间跟孩子一起工作、欣赏孩子想要欣赏的东西，没有时间倾听孩子的心声和感受。而好不容易和孩子在一起时，家长又可能在很大程度上心不在焉，不去理解孩子。

理解女孩不是件容易的事情，必须了解孩子的心理状态，尤其要了解孩子的发展状态。母鸡，是很弱小的动物了，在无论怎样强大的敌害面前，它都能用翅膀护卫着自己的小鸡；老虎是很凶猛的野兽，但它和小老虎玩耍的时候都能够非常地耐心。这种爱孩子是每个母亲都能做到的，而且在这一点上父母都能做得很好。但在孩子真正有了独立的意识，需要父母了解孩子的成长状态时，父母却难以做到"爱"了。我们常会看到这种现象，孩子一旦开始独立，父母就会说："这孩子太犟了！""这孩子怎么会这么不听话。"实际是孩子要成长！要照她自己的意志成长，孩子的意志同父母的意志开始产生矛盾了。我们要学会理解孩子成长的需求。

　　我们习惯上很难容忍让孩子自由，尤其当孩子"吵得很"时。但是，你要是真正爱孩子，你会发现孩子们其实非常可爱，你根本不觉得她吵。遗憾的是很多大人没有这样的耐性。我们越来越发现，在生活中，不管是大夫，还是老师，甚至是最普通的家长，都很难容忍孩子自由。让孩子有一个自我调节的空间和时间，让孩子自由、快乐地做她自己愿意做的事。成人嫌麻烦，很简单，一个像木偶一样听话的孩子对成人来说是非常简单的，成人愿意做什么事很快就能完成。可对一个自由中的孩子我们要付出大量的工作、精力和时间。成人大多不愿把时间放在孩子身上，挣钱重要，看电视重要，聊天重要，睡觉重要……成人的错误具有惊人的普遍性。

　　有一位妈妈正在给一个两岁多的孩子买饼。这个孩子抓着饼死活不放手，妈妈也抓着饼不放手："你吃不了这么多，这样会浪费的。"可这个孩子就是抓住饼不放，说："我能行，我能行。"但妈妈就不给她。这位母亲以为孩子很贪心，一个大饼她吃不完，却要整块的。

　　事实上，我们发现儿童对事物有一种"坚定地追求完美"的审美观。女孩们的审美要求远远超过成人，比如说厕所有水锈，便池里有黄色的尿渍，孩子就不上那个厕所。就是说宁可让她"浪费一点"，也不能破坏孩子的这种完美的追求。因为这个时候节俭的观念还不可能在她心中形成，但是审美的观念是她正在发展的关口，一定要帮她建立起来。

一个在审美情趣方面很高雅的孩子，长大后不会很平庸，也不会很野蛮，更不会很庸俗。

△ 从另一种角度培养女孩的审美观。

女孩小时候哭是绝对有理由的，心理学家认为，在儿童期间，一是建立女孩完整的人格和开发儿童的智力；二是培养儿童的审美观。审美观建立的好坏，决定女孩从小到大能否远离丑恶和犯罪，也就是说审美在某种程度上是一种道德观。

△ 真正的理解来自正确的爱的方式。

让女孩知道家长理解她，并不是家长人为灌输给女孩的。只有发自内心地去用孩子的方式思考，才能明白孩子各种情绪背后的真正含义。

尊重她的知情权

别让女孩成为最后一个"知情者"。

菲菲的妈妈和爸爸离婚了，但是他们怕伤害菲菲的感情，一直没有正式告诉菲菲。每当菲菲问妈妈："爸爸呢？怎么不回家？"妈妈总是搪塞她说："爸爸出远门了，过几天才回来。"有的时候爸爸周末来接菲菲玩，菲菲问爸爸："为什么妈妈不和我们一起呢？"爸爸说："妈妈有事情，所以不能一起来。"过了一段时间，爸爸妈妈发现菲菲越来越沉默，经常一个人待在房间里。有一天，爸爸来接菲菲，菲菲怎么也不肯出门，任凭爸爸妈妈怎么哄她都不行。后来菲菲在房间里哭了，大声叫着说："你们为什么离婚？我讨厌你们。"

其实女孩子对于外界的变化是很敏感的。但是处于成长期的她们，心智还未发育成熟，缺乏独立分析问题的能力。家长们越是避而不谈，越是容易使她们受到伤害。菲菲的父母，正是犯了这样的错误。他们以自己的标准，认定孩子知道父母离婚了，会接受不了。其实，只要他们平时经常和女儿聊天，让她懂得离婚并不代表爸爸妈妈就不爱她了，她是可以理解和接受的。反而是不让她知道，才容易让她的心灵蒙上阴影。

大多数孩子在觉得有安全感并且能够预见到将要发生的事情的时候，才会健康成长。在她们的世界中，预料之外的事情令她们非常不安。更经常的情况是：成年人提前知悉了相关情况，却没有以适当的方式告知女孩。

对女孩遮遮掩掩，会造成孩子对家长乃至整个世界的信任危机。

每当孩子问到"我是怎么来到这个世界"的时候，家长们总是随便敷衍；当女孩问到"死亡是什么"的时候，家长们总是非常紧张顾左右而言他……孩子应有的知情权没有得到充分的重视和尊重。孩子们知道家长在说谎，在敷衍。她们会紧张、会忧虑，因为她们发现很难和家长建立信任，从而寻求答案。

更多的女孩，只好通过异常敏锐的感知力捕捉细节带给她们的信息。比如家长的情绪变化，父母说话的神态，大人聊起某个话题时的刻意回避，等等。

如果能够获取答案，还是好的。万一女孩们处于长期的判断无知中，等到真相揭晓的时刻，随之而来的只能是孩子们心理上的崩溃。

孩子们需要理解她们自己的世界，否则，她们就会处于社交和情绪紊乱之中。当孩子们的生活井井有条并且每日都可明确地预期，以及当生活发生变化人们给予他们解释时，孩子们得以理解他们的个人生活。构建有意义的模式，有助于孩子们的心智发展。每一个孩子都必须理解知识和发生的各种事件，这样，她们才能真正把握它们。

当你向你的女儿做出解释，你即是在向她表明你尊重她的知情权，体念她理解其个人世界的需要，尊重她的理解能力，并放心把信息告诉给她。

△ 不要认为女孩什么都不懂。

当大人们还在对孩子们说她是天使抱给妈妈的宝贝时，孩子很冷静地说，我知道我是怎么来的。孩子天性敏感，现代社会信息发达，这种大人心中预想的"不知情""乖乖女"，其实早就对成人的游戏心知肚明了。因此，家长们要时刻提醒自己，"小大人"们，不是随便敷衍就能够满意的，当应付她们的时候，失去的是她们对你们的信任。

△ 不要觉得女孩的心理承受不了任何创伤。

孩子心理的承受能力，取决于家长平时灌输的价值观。如果过于保护，孩子会自然地建筑起敏感的防线。反之，如果家长们平时就很注意与孩子的平等对话，任何事情都有耐心地解释给她们听，在出现问题的时候，好姑娘们就会做出正确的选择，甚至能反过来为大人出谋划策呢。

不断强化她的自我价值观

我们让孩子刻苦学习，目的是树立"实现自我"的价值观，而不是为了获得物质的丰硕而学习。如果是那样，当孩子达不到物质目标的时候，就会选择"人生投机"行为。这样的孩子，不但不能实现自我，而且也难找到幸福。物质的富有，经过努力是可以获得的，但失去自我的人，很难获得精神的富有。这里想说明的是，当我们的孩子抱怨我们贫穷的时候，我们要告诉孩子，我们国家是发展中国家，人人都不很富裕，但以后都会富裕。暂时的贫穷不能说明永远贫穷。我们再贫穷也不能自卑。"人穷志不短，家贫志莫贫。"我们要告诉孩子，不要嫉妒富有者，也不要向富有者献媚。自我价值重于泰山。保住了自尊，就能实现自我价值。

我们的孩子，有的个子矮，有的个子又太高，有的长相差，有的皮肤黑，有的太胖，有的太瘦，甚至有的还有生理缺陷。这诸多不利因素，使许多小朋友对自己的容貌自卑，这是不对的。外貌美不是永存的，心灵美才是永恒的。一个不爱自己的人，更无法得到别人的爱。一个人的人格魅力，才是最受人崇拜的。张海迪，双肢截瘫，她以坚忍不拔的毅力，在医学上、写作上，创造出惊人的成就，谁都会称赞她美。一个歌星如果人格有缺陷，歌迷也会抛弃他。家长对于女孩的形象问题也要动脑筋，尽量让她体现出一种与众不同的气质。实际上，艺术学习最能培养孩子这种气质。为了培养孩子的自尊和自信，家长们也可以找形象设计师帮忙。

有的女孩学习能力差，但只要有信心，善于开动脑筋，乐于学习，随着时间的推移，就会出类拔萃。告诉孩子，天才在于积累。勤奋是成就事业的保证。大发明家爱迪生曾被看作"笨蛋"，后来却对人类做出了巨大贡献。爱因斯坦也有同样的遭遇，最后也成了科学巨人。胡一舟是痴呆儿，后来却能指挥国际大乐团。

△ 让女孩知道自己的独特。

告诉你的女孩，每个人都是世界上独一无二的，都是世界上最优秀的，没有什么障碍能阻挡有成功信念的人。

△ 注重基本价值观的培养。

父母需要主动地将基本的价值观和行为方式教给孩子。以便于孩子在社会上成长。当然，在这方面，身教胜于言传，我们可以做孩子的好榜样。

让女孩产生归属感

归属感是人类生活中一种必然而美好的情感。然而，当今社会的女孩，归属感却在普遍下降。究其原因，主要有：

1. 随着社会物质资料的丰富和生产方式的变化，人们之间在生活上的相互往来日渐减少，关起门来生活，和邻居"鸡犬之声相闻，老死不相往来"的状态日趋严重。因此，女孩自小便生活在一个极小的圈子里，缺少了对社会其他方面的归属感，对社会其他方面漠不关心。

2. 在家庭生活中，由于物质资料的丰富，孩子们衣来伸手、饭来张口，没有了生存忧患意识，容易缺乏对他人的感恩和相互依存的感受。因此，对于父母和家庭也缺乏责任心和归属感。加上当今家长本身工作、生活节奏的加快，早出晚归，和女孩在一起交流的时间很少，就使孩子的归属感更加淡漠。很多家长谈起孩子对家长痛苦的不理解，甚至置若罔闻，都非常心酸。

3. 受商品社会初期社会不良价值观影响，"利己主义""唯利是图""事不关己，高高挂起"等错误观念在蔓延滋生。加之很多家长不能教导女孩全面正确地看待社会，以点带面，将社会描绘得一团漆黑，使孩子自小就产生了对社会的不信任感和不幸福感，归属感自然也就淡漠了。

心理学研究表明，每个人都害怕孤独和寂寞，希望自己归属于某一个或多个群体，如有家庭，有工作单位，希望加入某个协会、某个团体等，这样可以从中得到温暖，获得帮助和爱，从而消除或减少孤独和寂寞感，获得安全感。而缺乏归属感的孩子，对他人和集体缺少兴趣和责任意识，思想上无所寄托，生活上丧失信心，对亲友无牵挂感。归属感的丧失，还会使很多孩子患上抑郁症。而心理学家说："如果找不到归属感，无论孩子还是大人，就会一直去制造麻烦，永远无法安静，伤害自己，也伤害别人。"归属感的丧失，使很多孩子患上抑郁症，其表现为：对日常活动及周围的人群和事物丧失兴趣；精力明显减退，出现无原因的持续性疲乏；思维迟滞，精神活动减少；在困难面前束手无策，一筹莫展，食欲不振，日益消瘦；或失眠或嗜睡，甚至会出现死亡的念头或有自杀的行为。

在平时教育女孩的过程中，我们经常使用的方式，就是通过打比方来使孩子认识自己的行为给相关他人带来的痛苦和不幸福，从而改变自己。但是，缺乏归属感的孩子，对他人和集体没有了兴趣和责任，你给她说什么，她都无动于衷，使教育的难度不断加大。她们心中只有自己，对于母亲的眼泪、老师的苦心全然不顾，动辄离家出走，甚至以死要挟。

"物以类聚，人以群分"，具有归属感，是人的重要特征之一，当然，也是家庭教育不可忽视的重要内容。培养孩子的归属感，已经是一件刻不容缓的事。

△ 给女孩以温暖，并使其明白温暖的价值。

做父母的，不仅仅是给孩子以物质资料，更重要的是和孩子经常交心，既使孩子知道家庭生活的真实状况，增强孩子的感恩心，又使孩子将家庭看作心灵的避风港和能够倾诉苦衷的地方。这样，孩子便会由幸福感而形成依赖感，进而形成归属感和责任感。

△ 培养女孩对集体的情感，支持女孩健康向上的行动。

孩子不仅是家庭的，也是社会的。要使孩子拥有良好的社会归属感，就要从小抓起，培养孩子热爱集体，乐于为集体奉献和关心他人的良好品质。一个对社会和他人都有爱心和责任的孩子，在家庭里更会是一个有情感的人。

△ 坚持用正面理论培养女孩的健康心态。

社会有光明的一面，也会有黑暗的一面。在孩子小的时候，一定要首先用正面的东西教育孩子。先教给她什么是善良、然后再告诉她什么是邪恶。如果在孩子尚未形成思辨能力之时，就告诉她社会是黑暗的、人都是利己的、周围的人都是不可信的，这样，就造成了孩子对周围一切事物的不温暖感和不信任感，也就没有了归属感。以"小人"之心，是不可能培养出有"君子"心态的"正人"的。

鼓励女孩树立自尊的女性形象

"不为五斗米折腰"这则成语的意思是用来比喻有骨气、清高。这个成语来源于《晋书陶潜传》："吾安能为五斗米折腰，拳拳事乡里小人耶。"405年秋，陶渊明为了养家糊口，来到离家乡不远的彭泽当县令。这年冬天，郡太守派出一名督邮，到彭泽县来督察。督邮职位很低，却有些权势，在太守面前说话好歹就凭他那张嘴。这次派来的督邮，是个粗俗而又傲慢的人，他一到彭泽的旅舍，就差县吏去叫县令来见他。陶渊明平时蔑视功名富贵，不肯趋炎附势，对这种假借上司名义发号施令的人很瞧不起，但也不得不去见一见，于是他马上动身。不料县吏拦住陶渊明说："大人，参见督邮要穿官服，并且束上大带，不然有失体统，督邮要趁机大做文章，会对大人不利的！"这一下，陶渊明再也忍受不下去了。他长叹一声，道："我不能为五斗米向乡里小人折腰！"说罢，索性取出官印，把它封好，并且马上写了一封辞职信，随即离开只当了八十多天县令的彭泽。

陶渊明的自尊人格，直到今天仍被人们传颂。

20世纪初，徐悲鸿在欧洲留学时，曾碰到一个洋人的寻衅。那个洋人说："中国人愚昧无知，生就是当亡国奴的材料，即使送到天堂深造，也成不了才！"徐悲鸿义愤填膺地回答："那好，我代表我的祖国，你代表你的国家，等学习结业时，看到底谁是人才，谁是蠢材！"一年之后，徐悲鸿的油画就受到法国艺术家的好评，此后数次竞赛，他都得了第一，他的个人画展，轰动了整个巴黎美术界。这样令人惊叹的成就，是那个洋人远远不能及的。

自尊所赢得的，不仅是个人的成功。一个没有自尊的人，也很难得到别人的尊重。无论是自己对自己价值的肯定，还是他人对我们价值的肯定，即自尊与被人尊重，都是快乐的。自尊不是轻人，自信不是自满，独立不是孤立。人类有许多高尚的品格，但有一种高尚的品格是人性的顶峰，这就是个人的自尊心。只要不气馁，不灰心，不放弃，自己相信自己，自己尊重自己，就会感受自尊的快乐。自尊既不向别人卑躬屈膝，也不允许别人歧视、侮辱。

女孩的自尊形象尤其重要。自尊的女孩才会得到更多人的青睐。自尊总是与冰清玉洁同行，也总是与自信并行。自尊的女孩，不会被困难吓倒。自尊的女孩，懂得适时进退。

△ 知耻而后自尊。

要培养女孩的自尊，首先要培养她们的知耻心。只有知道了什么是羞耻的，才能更好地认识自尊。告诉女孩，什么是应该发扬的，什么是应该舍弃的。在培养她的知耻心的同时，她的自尊心也随之建立了。

△ 自尊与虚荣的一线之隔。

很多时候家长总是是通过比较让女孩获得自尊，比如说"你比其他人都漂亮"等。这样的自尊过头了，就会变成虚荣，孩子们会接受不了有比自己好的人，比自己优秀的人。家长要注意的是，不要通过攀比树立女孩的自尊心。不要把获得别人的肯定与公众的荣誉当成做事的根本动力。

给面临压力的孩子以支持

孩子感受到压力时，由于语言表达能力有限，往往无法清楚地讲出来，因此她们有时无法得到成人的及时帮助。而且由于她们自身的知识以及处世经验缺乏，处理问题的能力太差，因而不能自己解除压力。所以，当压力过大或持续时间过长时，孩子会产生诸如抑郁症、厌食症、睡眠障碍等生理或心理问题，这些将严重损害孩子的身心健康。

作为家长，如果能细心观察女孩的言行，就能觉察孩子是否面临压力以及压力的程度如何。当女孩面临压力时，行为方面常表现为哭泣、不安的睡眠、疾病反复、不爱吃饭、说谎和欺骗等。

发现孩子出现上述反应时，家长应多与孩子接触和交流，帮助孩子自然地解除压力。解决压力的最根本办法，就是找到压力的根源。但很多时候压力的根源是比较隐蔽的，而且不是单一的。最好的办法是，父母帮助孩子分析，让孩子做出对付压力的策略。

下面是一些方法，帮助你的孩子处理压力。

1. 一吐为快。对压力的最糟糕的反应就是把一切都压在心里，独自承担这种煎熬。父母要创造机会让孩子表达自己的情感。对于年幼的孩子，由于语言表达有限，可以借助游戏来帮助孩子自然地解除压力。比如，可给孩子纸笔，让她随心所欲地画；让孩子自由地玩木偶表演，把感情表演出来；给孩子一个故事开头，让她续编故事；让孩子提出游戏的内容和玩法，和孩子一起玩，而且当孩子叙述时，不要随意打断，也不要提建议或下结论。

2. 学习自我接纳。每一个人都是独一无二的，都是不完美的。帮助孩子从小学习接纳自己，正确地评价自己，发现自己的优点，接纳自己的不完美。这有利于孩子建立正确的自我形象，形成积极健康的人格特质。心理学研究表明，自我接纳程度高的人，富有独立性，不易受暗示，有助于孩子形成一种成功者的心态，帮助她们积极主动迎接生活的挑战。

3. 学会从另外一个角度来看问题。世界真的这么糟糕吗？帮助孩子选择用积极的眼光看待生活。告诉孩子，人有在任何恶劣环境下选择自己态度的自由。比如，可以让孩子列一个清单，她现在已拥有哪些东西，帮助她认识到她的生命中什么东西对于她是珍贵的，以增强孩子乐观的态度。

4. 寻求他人帮助。"人"字结构是相互支撑，鼓励孩子建立支持性的人际关系，并在孩子面对恐惧、沮丧、孤独和各种困难时，学会寻求他人帮助。孩子年幼的时候，父母往往充当帮助者这一角色，当孩子渐渐长大，她们的人际关系面也会扩大，比如同伴、朋友或老师等可以为她们提供各种帮助和需要。

同情焦急于事无补。相反，父母必须保持理智与冷静，同时尽量站在孩子的角度，去看待她所承受的这份压力，去感受她内心的紧张与不安。"人同此心，心同此理"，给予孩子理解和同情，要让女孩知道：爸爸妈妈是站在自己身边的，是来帮助自己而不是一味提出要求的。

△ 保证女孩有足够的休息、锻炼和游戏玩耍时间。

孩子对付压力的最重要的办法就是玩。比如，年幼的孩子在玩具上投注的想象力和创造力，将给她们带来更广阔的视野。

△ 和女孩一起分享自己的经验。

父母小时候多少都曾遇到过和孩子类似的情况，可以经常和孩子讨论自己当时是怎么对待的，或现在遇到了困难又是怎样处理的。当孩子知道了父母原来也常常会面对压力和烦恼的时候，她们对父母所说的话就比较容易听进去了。父母告诉子女自己是怎样应付压力的，那实际上是为孩子树立了一个很好的榜样，也就增强了孩子克服压力的勇气和信心。

提升女孩的自我觉察

给她选择的机会

很多家长抱怨孩子缺乏自信心和自立能力，却没注意到可能是自己的教育方式有问题。想让孩子听话，家长的着力点就是做一个"我的话孩子愿意听"的父母。让孩子有主见也不难，但家长应该把着眼点放在自己身上而不是孩子身上，只有这样才能体会到能够把握的美妙感觉。家长在家庭教育中应该注意细节，采取正确的教育方法。无论是学习、购物、吃饭、穿衣等生活的各方面，家长都应该给予孩子选择的机会，促使孩子在完整的选择过程中成长，这样有利于培养孩子的自主性和自信心。

给儿童选择的机会，孩子才会感到自己对生活是有一定控制力的，这是增进儿童自信的三个因素之一。

我们经常认为，听话的孩子就是最好的孩子，叫她做什么她就做什么，叫她怎样做她就怎样做，因此可以省去父母的担心。有的父母也习惯为孩子设想一切，安排一切，孩子稍有不从，就脸色一变，横加指责，甚至唠叨起来没完。殊不知，这会造成孩子唯命是从、没有主见，不会主动探索，甚至不会主动思考。当现实生活要求孩子必须做出决定的时候，孩子就会缩手缩脚、信心不足。

选择能力，是人的重要能力之一；给孩子选择的机会，既会培养孩子的选择能力，也会增进儿童的自信心。

给孩子选择的机会，要循序渐进。

幼儿时期，可以让孩子在父母圈定的范围内，选择吃什么、穿什么等。如父母拿来香蕉和橘子，让孩子选择一样，并且只能选择一样，孩子就会知道，自己是有选择权利的，并学习根据自己的爱好选择、对选择负责的技巧。

孩子稍大些，父母不妨把孩子房间的布置交给孩子，怎么装饰自己的房间，怎么玩，都让儿童自己说了算。让她们清楚，那是她们自己的空间，在自己的空间里，自己是自由的，是有选择权的。

在经济条件允许的前提下，允许孩子对为自己购买的物品进行选择；在不造成伤害的前提下，允许孩子坚持自己的观点和行为，并为自己的观点和行为负责。

孩子上学以后，也会遇到一些问题。当孩子征求父母意见时，父母可以提出建议，但只要不出格，应该允许孩子自己做出决定。

即使父母或老师做出的决定，特别是与孩子有关的家庭事务、班级事务，也应该征求孩子的意见。当孩子的意见没有被采纳时，要向孩子解释成人决定的依据。

孩子对现实生活的参与越积极、越有效，孩子对于处理社会事务的信心就越强。

△ 在孩子自己做出选择前。

给孩子更多机会去选择，尽可能少提或者不提意见，真正让孩子做主，让孩子从中自然地积累经验。

△ 在孩子进行选择时。

给孩子足够的时间，不提太多的意见，即便他们选错了，除非对他们造成伤害的，否则不要轻易纠正。不要害怕出"问题"，这是他们成长的必要途径和成本。

△ 在孩子完成选择后。

假如孩子的选择是适合的，家长和孩子一起高兴。假如选择有误，家长也不要指责和讽刺，孩子自己已经从中获得教训。最好的方式就是：什么也不说，下次依然给他们机会，"相信孩子下次一定会更好"。

鼓励女孩平静地放松自己

压力作为一种"应对危险的反应"存在于孩子的体内，诸如"对抗、逃避、冻结"等，都是先天的自动反应。它会在身体内引发一系列的生理反应：心跳加速、血液分流到肌肉、瞳孔放大、消化停止。当压力成为慢性的时候，孩子们就很难去应对了。超负荷的压力带来了相应的疾病。因此，家长们一定要鼓励孩子平静地放松自己。

有个简单的"四步呼吸法"，是来自一本名为《培养子女情商》的书，由马瑞斯·伊来亚斯、斯蒂文·托拜厄斯、布赖恩·佛里德兰德所著。在任何时候，当孩子感到沮丧需要自我控制时，都可以运用这个方法。教给孩子这个简单的"四步呼吸法"：告诉自己"停下来，环顾四周"；告诉自己"保持平静"；用鼻子做一个深吸气，同时数到 5；然后屏住呼吸，数到 2；最后用嘴巴呼气，同时数到 5；重复上面的步骤，直到你感到平静为止。

还有一些方法可以让孩子获得平静和放松：

1. 播放安静的音乐。当孩子的精力正集中在某件事上，而需要停止的时候，或者他开始预感到压力大的时候，都可以运用这个方法。众所周知，听舒缓安静的音乐与放慢呼吸和心率及改变情绪是直接相关联的。

2. 让房间里保持安宁和平静。手头的事情保持安静不动，和孩子一起做几个深呼吸，感受当下。你和孩子有难得的单独相处的时间，单纯地和孩子体验这种真实状态。

平静地放松，让女孩们的身体和心灵都有澄明的空隙，在浮躁之中获得一种愉悦和安宁。这样，女孩们才会更健康地成长。

3. 要让女孩们尊重大自然并给孩子提供户外活动的机会。大自然为我们提供了非常宝贵的"安静"时刻，让我们把自己和自然界的伟大联系起来。自然界唤醒了我们的身体，并且把意识和身体的分离重新联结起来。从最基本的层面上讲，户外至少可以有空间让孩子跑、喊、玩，释放他们体内由于受到不同压力而淤积的能量。另外，因为户外比室内有更多的氧气，所以孩子可以做更深的呼吸。通过登高远眺，能帮助她获得看待事物的新观点。让她们可以用新的、更乐观的态度来对待面临的挑战。

△ 启发女孩的感知。

家长们要启发孩子的感受，帮助她感知自己的存在，这样，孩子会慢慢体验到不仅用意识，而且用身体来感知她所处的外在环境的奇妙感受。可以帮助孩子在户外找一个安静的地方，然后时常留意这个地方的变化。例如，在家的附近找一棵最喜欢的树，然后观察树在一年四季当中的变化。这样做的目的是开发孩子专注于感知外部世界的能力——也就是说，能在更具体的层面感知周围环境，这个层面超越了通常的相对"脱离"的方式来感受大自然。

△ 有效利用讲故事的时间。

和女孩一起大声读故事是体验冥想的绝妙方法，尤其是你有意识这样去做的时候，会体验更深。因为读书的时候，节奏立刻放慢下来，并且在读书过程中有停顿的时间。你们可以一起体会彼此的声音，留意你们之间情绪的起伏变化。并且，随着故事情节的发展，有许多意想不到的时刻，会把你或者孩子带到一个更深入的境界。

鼓励女孩对自己做客观的评价

所谓正确地评价自己，是指孩子能初步运用社会既成的道德标准、行为准则来评判自己的行为，正确估价自己的才能、自己在家庭和幼儿园的地位等。它对儿童良好个性的形成具有重要意义。

研究表明，3岁孩子已经具有初步的主客体分化能力，开始具有"自我意识"，他们逐渐能够区别"自己"与"他人"的不同，通过把自己与别人比较来确认自己，这明显地表现在伙伴关系中；另外，也为孩子能把社会上既成的道德规范、行为准则、长辈对他们的态度、奖励与惩罚等作为参照来评价自己，提供了心理上的可能性。

儿童历史性知识较少，理性思维水平低。因而在评价自己时经常带有情绪性，极易受暗示，往往把成人的言语、表情等作为评价自己的依据。判断自己的行为时只考虑行为后果，缺乏对动机的思考，而且在自我评价中难免带有偏激性和不稳定性，只会简单地肯定和否定，或者一会儿肯定，一会儿又否定。

家长在教孩子正确评价自己时，首先，应丰富孩子的感性认识，设计具体的情境来提高孩子的认知水平，应经常带孩子到公共场所，让孩子接触一些人物个性鲜明的电影、电视故事、图书等，并抽时间与孩子一起评价里边的人物。其次，要客观地评价孩子的行为，一定要说明为什么这样评价她。有时也可让孩子分析自己，家长再对她的评价给以补充、纠正。

在这一过程中，家长要注意引导孩子根据自己的行为动机来评价自己。当孩子想帮你把碗放到桌上却不小心摔在地上时，你不要发火，而是要告诉孩子："你是在帮我们的忙，我知道你不是存心摔碎碗的，下一次不要拿那么多……"对孩子确实没有能力做的事要及时提醒，以防孩子产生挫折心理，影响她对自己的评价。

一般来说，孩子总认为家长让她做的事是她能做并且能够做好的。如果家长事先未经考虑，让孩子做力不能及的事，势必使她的自尊心、自信心受到伤害，产生失败感，影响她正确地认识和评价自己。

帮助孩子发展正面的自我评价是父母所能给予孩子的最好的礼物，也是孩子一辈子的礼物！孩子若觉得自己很能干，很有成就，而且对自己的评价很好，也就培养了孩子的高情商，为孩子在未来社会中成为一个快乐的强者打下基础。

孩子的自我评价是从童年开始的，然后随着年龄的增长而不断发展。父母是孩子发展自我评价的最关键因素，能影响孩子发展出积极的或消极的自我评价。

如何帮助孩子建立积极的自我评价呢？重点在父母所必须有的态度、技巧和行为上。

1. 建立父母的自尊心。首先要建立父母的自尊心，建立父母的良好自我感觉，正视自己的优缺点，爱自己、爱别人，这样才能帮助孩子建立自尊心。孩子小时会受到父母方方面面的影响，父母若不注意对孩子自尊心——正面的自我评价的培养与建立，则孩子可能会发展成一个负面的消极的人。罗曼雷特说："我们对自己的看法是从成串的记忆而来的。从小时，我们就开始对自己、别人及整个世界产生概念及态度。我们的自尊心也是由一连串的态度所组成的——有些是有益的，有些则没有。我们的心会记住每一次经验。也许我们没有察觉，但事实确实如此。"

2. 从尊重开始。建立孩子的自尊要先从尊重孩子开始。小孩虽然不成熟，但他们也是人，和我们一样有感觉，需要被尊重。尊重表示看重对方的价值。每个孩子都是具有独特天赋、气质与个性的个体。

去挖掘孩子的想法和感觉是件很有趣的事。孩子是个很好的思想家，而且对生命的看法也很新鲜、很乐观。

3. 重视感觉。不要否定或疏忽孩子的消极感受。如果你的孩子很生气，就对她说："你的声音听起来好像在生气。"那她就会把心扉打开，告诉你她为什么生气。承认怒气是处理怒气的第一步，否定怒气则无法处理怒气、解决问题。除了倾听孩子消极的感觉（就像愤怒）以外，要特别注意让她有时间把这种感觉消除掉。你生气时，有时候需要一段时间才能平静下来，小孩子也是一样。

△ 挖掘女孩与众不同的特质。

认真研究你的孩子，发现她们之间的差异，并且欣赏她们的特质。把每个孩子身上的特质和性格列出来，然后一一告诉每个孩子你是多么欣赏她们。

△ 尊重女孩的想法及意见。

孩子都有一些奇奇怪怪的想法。孩子会老老实实地把他心里的想法以及她为什么会有这种想法告诉你。她们需要别人倾听与尊重她们的想法，但这并不表示你一定要认同。你平常和她们在一起时，要能听得进她们的意见。

△ 注意培养女孩解决问题的能力。

不要老是想为孩子解决问题，让她们自己决定并尝到决定后的结果，以后她们才会做出好的选择。在某些小事上准许孩子有正反两面的考虑，并且让她们自己来决定。

懂得聆听沉默

导致孩子沉默内向的原因是多方面的，主要与个体发展倾向、环境和心理因素的影响有关。有的孩子由于生活十分单调，缺乏与其他孩子交往的机会，喜怒哀乐得不到充分发泄，便将心事压抑在心里；

有的孩子胆小怕事，受过不同程度的心理挫败，惧怕在人前大声说话；有的孩子则因为家庭教养方法不当，造成封闭性格，不愿与人交谈或交往；其他例如缺乏家庭温暖、对孩子心理需要的忽视、过多的拒绝、责备、恐吓等，都会引起孩子性格上的异变，从而严重影响孩子的身心健康。

露露的父母长期在外地工作，她和奶奶生活在一起，因为缺少玩伴，她显得内向而又乖巧，胆子比较小，做事比较慢，对人不信任，总是拿着某种物品作为自己的依恋物。不太喜欢和同伴交流，总是沉浸在自己的小世界中，不闯祸、不惹事、不顶撞。正是这些表面乖巧的特征，使家人很少去了解她的思想，去关心她的心理变化。

一次，在幼儿园的音乐游戏时间，老师正和孩子做"网小鱼"的游戏。孩子们扮成小鱼围着老师快乐地游来游去。只有露露一个人坐在自己的位置上看着老师和小朋友游戏。看得出来她也想参加游戏，但是又不敢参与进去。

对于这种沉默内向的小女孩来说，抱一抱、笑一笑是让她们接纳别人最好的方式。要让她感受到家长的关注，耐心地等待女孩，细心地观察女孩，热情的邀请带动感染女孩。当孩子获得了关爱、理解和关注的时候，也就学会了信任，脱离了沉默。

以发现的目光欣赏孩子，提高孩子的自信心。

很多孩子的沉默来自她的信心不足。在孩子缺乏自信时，我们教师要鼓励其点滴进步，帮助她树立信心，还要多用"你很棒""你能行"之类的话语为孩子打气，鼓励孩子多说多唱多跳。因为积极的语言能使孩子产生积极的情绪，只有拥有了足够的自信心，孩子才会敞开心扉，与人畅谈。

很多时候，孩子的突然沉默，是她成长中的一段特殊时期。这个时候的孩子比平时更加敏感。家长们要善于把握孩子真实的心理动态，留意她沉默时的举动，并适当采取一些积极的应对措施。比如在她需要安静的时候不要拉着她问个不停，给孩子创造一些独立的安静的空间，尊重和理解她突如其来的沉默。可以试探性地询问，但不要质问。要让女孩知道，家长的关心，是在聆听她们的心声，而不是窥探她们的秘密。

每每有父母训斥孩子"你怎么这么没出息，遇到个场合连话都不敢说"，父母们这种不当教育法会造成孩子心灵上的伤害。

除了患有自闭症的儿童之外，绝大多数孩子的社交障碍应当都与后天的成长环境有关。试想一下，如果一对父母忙于自己的工作，每天甚至挤不出半小时和孩子沟通，这样的孩子怎么可能成为一个开朗、乐天的人？

事实上，无论是站在成人还是孩子的立场上，又有谁愿意没有朋友，生活在孤独里呢？如果你已经做了父母，如果你的孩子已经成了社交场合里最沉默的人，你真该好好反思一下自己了。

△"养不教，父之过"。

当一个孩子出现过分害羞、怕生、不敢说话等社交障碍的征兆时，家长们应当好好地反思一下你的教育方式了。你有没有拿出时间来和孩子聊聊学校里的趣事？有没有在帮助孩子处理好同学关系方面费过心思？有没有把你自己看电视、上网的时间拿来与孩子一起分享亲子的乐趣？有没有用一种平等的心态倾听孩子的小烦恼？

积极正确地评价女孩

不要拿女孩与其他孩子做比较

在家庭教育中，很多家长为了教育自己的孩子，总是拿自己的孩子和别人做比较，指名道姓给孩子树立榜样。

小强和丽丽是表兄妹，两个人经常在一起玩。快到春节了，学校刚放假，小强就到丽丽家来玩。这天丽丽的妈妈和小强坐在客厅里聊起考试成绩，小强很骄傲地告诉大姨，他除了科学是 B，其余的都是 A。"你真是好孩子，成绩总是这么好。对了，丽丽，你的成绩单呢？让我看看。"妈妈喊道。其实丽丽已经在房间里听到他们的对话，犹豫着不愿出去。听到妈妈喊她，才不情愿地来到客厅。

"丽丽，这次考试考得怎么样？成绩单在哪里呢？""在我房间里。"丽丽小声地回答。看着女儿无精打采的样子，妈妈开始有点生气了，"是不是成绩又不好？去把成绩单拿来，我要看一看。"成绩单拿来了，没有一个 A，大部分是 C。

"丽丽！"妈妈忍不住大声训斥起来，"你的成绩为什么总这么糟？看看人家小强的成绩，你为什么不能像他一样，你的学习环境哪一点比他差？你就是太懒，总是注意力不集中，不专心听讲，你是我们家的耻辱。回房间去好好想一想，再来跟我谈。"丽丽含着眼泪回到了房间。

当着自己孩子的面赞扬别的孩子，贬低自己的孩子，使孩子更加认为自己是一个毫无价值的人。这样的态度对孩子的教育十分不利，它会使孩子完全放弃努力，认为自己永远是一个失败者。或许妈妈拿自己的孩子和别人做比较，目的是想让孩子感到差距从而产生一种刺激，好让孩子从此发愤学习。但是，这种办法对于缺乏被鼓励，缺乏自信心的孩子来说，只能更加打击孩子的信心，对孩子的危害更大。每一个孩子都有自己的特质和个性，所以每一个孩子都应该从自己实际的基础上发展，而不是做别的孩子的复制品。

一般而言，许多家长总是认为自己的孩子是好的，一旦孩子犯了错误或成绩不理想时，却又不问青红皂白地埋怨、批评。

"你是怎么搞的，你看人家小李多刻苦……"遇到这种难堪的场面，孩子总是哑巴吃黄连，有苦难言，心里感到特别委屈。

过多地拿孩子同别人做比较，使许多孩子把学习当成为父母学而不是为自己学，因此把学习当成一件苦差事。许多家长不是用赏识的目光对待孩子的优点，而是"恨铁不成钢"地拿着放大镜去寻找孩子的弱点，专门拿孩子的不足去对照别人的长处。这样做的结果，容易导致孩子自信心的丧失，以至于产生难以根除的自卑心理，这对孩子的成长是非常有害的。其实，每个孩子都有不足之处，某方面不行，并不代表其他方面不行。家长如果经常拿自己孩子的弱项与别的孩子的强项比较，就会使孩子失去竞争或迎头赶上的勇气，同时，家长对孩子的数落，也极易引起孩子的逆反心理，并损伤孩子的自尊心。因此，孩子出了问题或学习成绩差，应该从孩子实际的基础出发，寻找原因与差距，而不是拿孩子与别人比。

印度的一位思想大师说过："玫瑰就是玫瑰，莲花就是莲花，只用去看，不要比较。"作为父母，我们必须明白一个事实：孩子天生就有差别，每个孩子都有属于自己的特质。我们首先要承认中间的差别，然后在孩子原有的基础上帮助孩子进步。我们可以拿孩子的今天和昨天比，拿孩子自己的成功和失败比，切忌拿自己孩子的短处和别人孩子的长处比。这样，更容易培养孩子在学习中的信心和兴趣。父母不妨换位思考一下，假如孩子拿我们同各方面都比我们强的其他孩子的家长比，那么我们的感觉会怎样呢？

所以，作为父母，我们始终要做到一点：不拿孩子和别人做比较，只要自己的孩子努力了，那就是最棒的！

△ 尊重女孩的特性。

每一个女孩都有自己的特质和个性，所以每一个孩子都应该从她自己实际的基础上发展，而不是做别的孩子的复制品。拿自己的孩子与别人的孩子做任何比较，对于孩子自信心的形成与培养来说都是有害的。

尊重她爱玩的天性

露露有个表姐，学习、性格、自制能力都不错，而且颇有"领袖气质"。去年暑假露露的父母把露露交给她。大孩子管小孩子绝对比家长直接管教有效。没多久，孩子就被管得服服帖帖，据她说表姐本事大得很，功课上有问必答，做游戏花样百出，玩电脑只赢不输，她从表姐那里学来不少"玩经"，表姐是她模仿的"偶像"。一个暑假下来，孩子玩得尽兴，写日记、做作文也有了内容。在玩的过程中，露露处处以表姐为榜样，这种效用也延伸到她的学习中。她对妈妈说，表姐成绩那么好，我要向她学习！

爱玩并不一定与学习相冲突。反而过度的压抑，会让女孩过度抵触，造成消极的情绪。

欣欣的妈妈草拟了一个计划，如果欣欣按计划学习、玩耍，那下次就适当延长她出去玩耍的时间，要是她违反了规定，那下次出去玩的时间就要被扣掉。几天下来，欣欣还真做得不错。不过看她学习的时候还是很不情愿的样子，欣欣妈妈还在考虑要不要把她的小伙伴们请到家里来，一起学习，让她们比赛谁做得好做得快，小孩子就需要这样变着花样哄才行。

适当的奖励和协调，可以使孩子的游戏时间更合理分配。但这不是长久之计，一味地奖励政策，会让孩子对奖赏制度产生一种变本加厉的欲望，最根本的解决办法，还是让孩子可以自我认识，自我调节。

　　琳琳的妈妈一直把女儿当小大人来看待，跟她说话时也尽量用平等的语气。暑假到了，妈妈也事先跟琳琳声明，让她自己管理自己。因为妈妈对琳琳很信任，她自己也很自觉，还自己写了个作息时间表贴在墙上，让爸爸妈妈监督。几天下来，琳琳做得还不错，妈妈也就放心了。

　　音乐巨人贝多芬说过："使人幸福的是德性并非金钱。"那么，对于一个孩子来说，违背他的意愿，过早过多地逼着他去参加各种各样的兴趣班和辅导班，他会幸福吗？有些父母亲在孩子很小的时候就给他报了钢琴、画画、舞蹈、书法兴趣班，还报了游泳，甚至跆拳道，怎么样，我对你够重视了吧？我舍得为你投资，你可不能让我失望啊？另一些父母看到别人家的孩子都在学了，那我家的孩子也得去学，总不能让自己的孩子"输在起跑线上"吧？于是社会上出现了前所未有的"儿童启蒙教育热"。孩子们的双休日没有了，忙得像只陀螺。到了他们正式上学了，变得只会习惯性地听从老师和父母的安排，被动地接受学习。他们的创造性呢？他们的主动性呢？试问，如果你就是那位孩子，你还会有那么多的创造性和主动性吗？

　　给我们的孩子一些自由支配的时间吧，让他们去亲近大自然，享受春天和煦的阳光，让他们切实感受到自然的美丽，生活的美好。让他们玩吧，如果你想让你的孩子成为一个健康的公民，首先要尊重孩子们爱玩的天性，把玩的权利还给孩子们！如果你自己能以玩伴的身份给你的孩子提出一些有益的建议，和你的孩子共同成长，那是最好不过了。

△ 对女孩多给些自主和信任。

家长要让女孩们自己产生责任感，这样，她们玩的时候心里没有负担，学习的时候就会更加投入。

△ 寓教于乐。

历来的教育专家都提倡"寓教于乐"，特别对于一个未成年的孩子，更应该用"在玩中学，在学中玩"一类有益的方式激励孩子们自发地热爱学习。千万不要用围追堵截的方式，使孩子们从小萌生"怕学习，怕老师"的想法，那真的会毁了孩子的一生的。

在她做好准备之后再给予引导

当父母在聊天时抱怨孩子过于依赖父母，性格太骄纵，担心孩子长大后出社会受不了压力的时候，有没有想到，孩子之所以变成今天这样骄纵、蛮横无理外加依赖父母，是由于父母过于宠溺，过于为孩子操心造成的。

想想，在我们过去那个年代，虽然家庭环境不好，但哪个孩子的成长是要父母在旁像一个用人一样地照顾呢？又有哪个孩子吃饭喝水需要父母喂的？又有哪个孩子写作业上课还需要父母陪伴的？我们不是一样成长得好好的，学生时代也成绩优秀，工作后在社会上也过的有头有脸。当事情发生在自己身上的时候，就会觉得不算什么，但是当事情是发生在自己孩子身上的时候，父母的效应就会产生，对孩子总会有那么一点不忍心，那么一点不放心，还有那么一点操心。正是有很多的"一点"，最后就变成了全盘的付出和给予，孩子就被娇惯成今天的样子。

我们都知道，孩子如果过于依赖父母，性格上又霸道无理的话，长大出社会后是会吃亏的。如果父母意识到，自己目前正在做的一切事情，都可能影响到孩子的未来的话，应该立马"刹车"，改变自己对待孩子以及教育孩子的方式。

父母为孩子包办一切，绝对是孩子自尊心的杀手。

太多的中国家长，对孩子的饮食起居照顾得无微不至，为孩子的课余时间安排众多的学习项目，音乐、绘画、舞蹈、外语……家长们希望孩子将来有远大前程的心情可以理解。但这种越俎代庖的方法，会使孩子在生活上产生依赖性，在学习上产生被动、消极的情绪。这极不利于孩子的成长。孩子必须独立承担他生命里的责任。父母的过度保护是对孩子创造力的无情扼杀。一个孩子别的什么事都不做，只是学习绝不可能成为天才。如果从小到大家长什么都替孩子做好，在孩子成年以后，在群体中会感觉自己一无是处，毫无自信，根本没有能力把事情做好。

还有许多父母，在不自觉之中把孩子变成了实现自己理想的工具，而不是真心关注如何实现孩子的人生理想。

曾有一位妈妈向专家咨询，她说："董博士，请问让孩子课余时间上技能班对不对？"

那位专家回答说："学什么是她自己的选择，如果孩子愿意就是对的，孩子不愿意就不对。"

"可是我女儿也没有说她愿意不愿意，我说让她去，她就说行。"

"那你没有问她吗？"

"没问过。"

"孩子最后学了吗？"

"还没有……我觉得学钢琴不错，书法也挺好，又想学芭蕾，哪个我也不想放弃……"

大家注意到了吧，这位母亲说"我觉得""我不想放弃"，我们有多少家长因为自己生命中有遗憾，就硬把意志强加给孩子，把孩子当成工具来炸碉堡!

△ 放开包办的手。

如果你真正爱你的孩子，真的为孩子考虑，就请放开为孩子包办一切的手，不要用爱的名义断送孩子一生的幸福。

△ 不要过分溺爱女孩。

过分溺爱孩子，最终只会是毁了孩子。无论孩子在做任何事情，父母只需要在旁引导看待事情以及处理事情的方式，而不需要太亲力亲为，最后变成父母包办了一切，这样孩子的独立能力就无法得到锻炼，霸道无理的性格也不会得到改善。所以，请父母给孩子一定的空间，适时地放开孩子的手，让孩子独立去面对学习和一切事情吧。

通过爱和规则表现对女孩的关心

避开对女孩使用权利手段

妮妮正在看动画片，妈妈叫她吃饭她没有听见。妈妈很生气，走进客厅一下扯掉电源，说:"赶紧吃饭去，就知道看动画片。"

当父母尊重女孩的权利，并引导孩子珍惜自己的权利时，真正有益的家庭教育才能开始。

只有被人尊重，女孩才可能获得自尊，并可能学会尊重别人，而自尊和尊重他人是成为一个具有健康人格的人的首要条件。由于孩子还不成熟，自尊意识往往处于萌芽状态，一旦家长用简单粗暴的态度强行要求孩子做事情，孩子特别容易受到伤害。

所以，成年人们更应当避免使用权利手段强制孩子，给孩子足够的尊重。可以说，是否尊重孩子，将对孩子一生的发展起重要作用，值得父母们给予特别的关注。

谈到孩子的生存权、受保护的权利，也许父母们还比较容易接受，认为女孩当然应该受到成年人的保护，但若和一些成年人深入探讨孩子的发展权、参与权的时候，就会发现，许多成年人几乎不能理解孩子为什么要有隐私权、参与社会事务的权利、行使民主生活的权利等。在一些成年人眼里，孩子生来就是被保护、管教的，而他们作为独立个体所应该享有的尊重，成年人却很难接纳。

传统的观点往往认为，孩子是父母的附属物，父母给她什么就是什么，孩子本身并不存在索取的理由。事实上并不是这样，孩子有她应得的东西，比如，受教育的权利，被尊重的权利，等等。

其实，很多时候，如果父母能将成人间的那种基于平等处理问题的技巧和方法以及宽容的态度用到孩子身上，对孩子很有益处。成人交往时会比较注意尊重对方的各种权利，为什么对孩子我们却不能呢？因为好多时候，我们对孩子没有尊重意识，因为孩子在被责备后，大多不知道如何来捍卫自己的权利，她们对父母权利手段做出的决定只能是承受，不管你的决定是正确还是错误的。

孩子对自己的权利意识在幼年时期处于萌芽状态，父母肩负着唤醒孩子权利意识的任务，一定要尊重孩子的权利，并且指导孩子"这是你的权利"，"你可以决定这件事情"等。久而久之，孩子的权利意识就会从无到有，从弱到强，才会知道捍卫自己的权利。如果父母一味地使用家长的权利手段去压制孩子，孩子自身的权利意识将无法培养。

父母如何对待孩子的权利，给孩子足够的尊重让孩子得到健康发展？那么，不妨按照下面的方法来做做看，你一定会发现：其实做到尊重孩子的各种权利并不难。

△ 给孩子自主的机会。

尊重孩子的每一个选择，给孩子一个自主决定的机会。尊重孩子的权利，就是要征得孩子的同意，让孩子有选择的机会并且在尊重孩子的基础上给予引导，这也是民主家庭中父母为孩子负起的一个责任。

△ 平等地对待孩子。

平等对待每一个孩子。不管她是怎样的孩子，都应该以一颗爱心去宽容和接纳她。不要滥用家长权利干预孩子的行为，以免给孩子的心灵带来伤害。

惩罚她，但不可以羞辱她

一天，乔治教 7 岁的儿子凯利怎样使用割草机。当他正在教凯利如何在草地尽头将割草机掉头时，他的妻子叫他接电话。乔治刚刚转身，凯利由于控制不住割草机的抖动，把割草机推到了草坪边的花圃上，所过之处，大约 2 尺宽的一片花草已被夷为平地。

乔治回头看到发生的一切之后，非常生气。这是他花了很多时间和精力，好不容易侍弄出的令邻居们羡慕的花圃。他开始对儿子吼叫："你这个笨蛋，什么时候能不干这种让人笑话的蠢事。"

这时，妻子很快走来，把手放在乔治的肩膀上说："亲爱的，请记住，我们是在养小孩，不是在养花。"

花已经死了，还有被棒球砸碎的玻璃窗户、被孩子不小心碰倒的灯以及掉在厨房地上的碟子，它们都已经破了，都已无法挽回。此时，我们不要再去打碎一个孩子的心灵，如果他们充满活力的内心变得麻木，这种无法挽回的损失才是真正的遗憾。

可惜的是，在许多情况下，孩子有时出了差错，常常遭到父母或老师的指责，甚至讽刺和挖苦。

"白吃了十几年饭了。"

"你父母给你吃什么长大的。"

"你多能呀！"

"你简直是个饭桶！垃圾！废物！"

敬爱的父母们，当你用这种讽刺挖苦的方式教育孩子的时候，你可曾想到这会影响孩子一生的性格。你的孩子，即便她不像你心中想象的那般优秀，但记住：性格比成就更重要！健康的性格才是她一生幸福的基础。

孩子作为一个独立的人，应该受到尊重。挖苦、侮辱孩子，不是体罚却是"心罚"，是一种"语言暴力"，是一种精神虐待。虽然，每个家长都疼爱自己的孩子，但家长没有认识到孩子虽然还不太懂事，可她们也有情感、有委屈、有苦恼、有失望、有悲伤，做父母的应当去理解孩子的想法，才能引导她们健康成长。

恶言恶语，强迫威胁，甚至挖苦讥讽，大都是那些年轻母亲在气急了的时候、恨铁不成钢的情况下，训斥子女时常采用的方法。但是，她们通常也是最不能为孩子，尤其是那些反抗性或自尊心强的孩子所接受的。这不但不能把孩子教好，反而会把事情弄僵，在不知不觉中给孩子造成不良的影响。

父母一定要知道，为发泄自己的怒气随意说出的那些带刺的话，那些侮辱性的话，会构成对孩子的精神威胁，会伤害她们的心灵，摧毁她们堂堂正正做人的勇气，其后果是断送了她们的前程。

孩子们正处在成长的黄金时期，懵懂的她们尚未建立正确的价值观和世界观，做错事、说错话甚至犯下"惊天"错误，都是在所难免的，也需要来自成人世界的理解和呵护。这时候，老师需要做的恰恰是，积极地、正面地引导她们人生的道路该如何走。自然，惩罚是引导方式的一种，否则放任、纵容孩子的言行会宠坏她们，使她们任意妄为，甚至变坏。一旦这些孩子踏入社会，就会在工作和人际关系方面面临重重困难。但是惩罚必须有个尺度，特别是不能让孩子在心灵上觉得受到羞辱，否则容易使孩子产生叛逆心理，对权威产生抵触情绪。但动员全班学生来搜集、指责一个学生的缺点，让她在班上成为"不受欢迎的人"和众矢之的，能不在她的心上留下永久的伤害？让学生咀嚼难以下咽的烟头，能不在她们的心上留下永久的伤害？

那么，处在没有树立是非观念的阶段的孩子，家长如何让她们深刻认识到自己的错误，并且达到良好的教育效果呢？适当的惩罚其实可以尝试。

惩罚宝宝，是每个父母培养孩子、纠正孩子错误的方式之一。俗话说得好，没有规矩不成方圆，孩子犯错误，自然需要父母的教育和惩罚。但惩罚宝宝也要讲求科学方式，一旦惩罚不当，不但对宝宝的行为起不到规范作用，更可能使宝宝的行为逆向发展。如何在家庭教育中有效惩罚宝宝，下面 10 个方法科学又智慧。

1. 规劝

案例：与同伴吵架、抢夺玩具……

方式：先放下手边的工作，并走到孩子身旁，让孩子知道你正在注意和关注；然后询问孩子争执、吵架的原因，并耐心听完孩子的想法；灌输孩子打人、抢夺是不正确的行为和观念，并要求孩子学习说"请、谢谢、对不起"。

建议：勿以很大声音去压住或威胁孩子；勿直接将孩子拉开，然后大声训斥孩子的不是；言语间避免伤害孩子的自尊心。

2. 打手心

案例：打架、乱丢东西……

方式：用报纸制作一根纸棒，外面可包上一层装纸；赋予它一个名称，如警惕棒等；放在固定的地方作为警惕。

建议：在心情好的时候制作，可与孩子一起讨论制作警惕棒的原因；处罚孩子时，先让他说出自己错在什么地方；提醒处罚的原因；注意安全问题，打的部位以手心、屁股为主，其他部位则应避免。

3. 罚坐

案例：吵闹不休、吵架……

方式：在处罚区上摆上软垫或一张椅子，可取个名字；准备闹钟或时钟，计时处罚时间。

建议：处罚地点不正对大门、不在太明显的地方；限制处罚时间，或让孩子讲处罚多久的时间；处罚完后，让孩子说出今天被处罚的原因。

4. 帮忙做家务

案例：乱画，乱丢东西、玩具……

方式：准备一条抹布、扫把、盆子等清洁用具，让孩子学习清理和养成整洁的习惯。

建议：父母应随时注意孩子的安全；较小的幼儿可由父母一起带领做家事；训练孩子养成物归原处的习惯；询问孩子在帮忙做家事时学习到了什么。

5. 画画

案例：喜欢骂人、抓人、踢人、咬人等小动作。

方式：依家庭的情况，在固定处摆放一张小桌子（此处罚桌最好不要是平常使用到的书桌、餐桌、客桌等，以免孩子日后使用到这些桌子时，会产生害怕、恐惧的心理）；准备一本画册及颜色不同的画笔，让孩子画出、写出心中的想法。

建议：当孩子受伤时，先处理受伤部位再处罚；让孩子将发生的时间和做错的事情画下来；大人先控制自己的情绪，可从孩子的画中了解到，孩子犯错的心理想法；此为艺术治疗法，较不会伤害到孩子的自尊心。

6. 罚站

案例：故意从高处往下跳，车上跑跑跳跳。

方式：在家中规划一个处罚区，可取个名字，地点以靠墙壁、不正对大门为主；地上铺上软垫；准备一个时钟或闹钟，计时处罚孩子的时间。

建议：处罚地点不宜太明显或正对大门，以免伤及孩子自尊；与孩子讲处罚时间不宜太久，否则会造成孩子更顽皮的反效果；视孩子的高度来决定垫子高度；处罚完后，询问孩子被处罚原因，让孩子自己知道做错的原因。

7. 看书、写字

案例：暴力倾向、说谎、顺手牵羊……

方式：选择固定处罚区铺上软垫或摆放小桌子；在处罚区里面放铅笔、画纸、彩色笔、故事书、色纸等；让孩子自己先写字或看书，化解孩子愤怒的情绪。

建议：当不能马上放下手头的工作时，可先叫孩子到处罚区去反省；别怒斥孩子的不是，与孩子先隔离，缓和彼此的情绪；等情绪平复后，询问孩子犯错的动机。

8. 没收心爱的东西

案例：吵闹不休、乱丢东西、不收玩具……

方式：将孩子乱丢的物品予以没收，作为惩罚。

建议：父母可以先放下手边的工具来陪伴女孩，让孩子知道妈妈正在注意和关注；告诉孩子将乱丢的物品收好、停止吵闹，否则将有所处罚；让孩子说出为什么犯错，和妈妈生气的原因。

9. 排豆子

案例：针对耐心不足、乱丢东西等情况。

方式：准备一个盒子、盘子，里面有红色、绿色等彩色的珠子，几个塑料罐子；让孩子在处罚桌上，将各种颜色的珠子，摆放在正确位置。

建议：如果孩子本身很叛逆，视情况针对孩子进行修改，可先罚站、罚坐再做处罚；此目的在训练孩子养成物归原处的习惯；可训练手眼协调、分辨能力；完成后，让孩子知道被处罚的原因。

10. 禁止某些权利、要求

案例：不爱刷牙、挑食、乱丢东西……

方式：将孩子爱吃、爱玩的东西暂时禁止碰触，作为惩罚。

建议：不以威胁、愤怒的态度大声对孩子说话；让孩子知道禁止这些权利的原因，当孩子日后表现佳时，恢复其权利。

△ 家长需要注意的事情。

孩子在成长过程当中，难免都会犯错，无论是无心的或是故意的，当父母在处罚孩子时，关键是把握原则，控制情绪。另外，还需注意一些事情，以免造成不良的后遗症。

1. 安全问题，处罚物品的材质避免过于坚硬；

2. 控制自己的情绪反应；

3. 处罚的地点应选择不明显、不正对大门的地方，以免伤到孩子的自尊心；

4. 注意措辞、语气，勿以威胁、恐吓的话语对孩子说话；

5. 处罚内容需彻底执行，不宽容、妥协；

6. 处罚后，安抚孩子，让她知道父母对她的关心和关爱。

不要以好行为作为认可她的条件

小红和妈妈一起坐公交车，车到了一站，上来了一个老奶奶。小红很主动地站起来，把座位让给了奶奶。妈妈很高兴，夸奖了小红。小红不好意思地笑了笑。

晚上回到家里，妈妈高兴地把这件事情告诉给爸爸听，爸爸也夸奖了小红。小红很开心，但还是说："这些都是尊老爱幼的基本嘛，学校里都有教的。"

周末妈妈带小红到了奶奶家，又把让座的事情将给奶奶听。奶奶使劲夸小红懂事。小红有些得意了。

相信家长们都已经明白，妈妈在第一次夸奖小红的时候，是对小红正确行为的一种肯定。而下面两次，其实带有过分褒奖的性质。本来，尊老爱幼是每个人应该做到的。小红给老奶奶让座的行为，值得肯定。但家长不应该过分夸大这种行为，让孩子觉得，给老人让座是一种特殊的行为。长此以往，孩子会建立一种思维模式，对于一些本来很普通的事情，期望过高，如果做到了没有得到肯定，孩子会很失望。这样，许多基本的品质得不到加强，反而有可能被削弱。

家长希望肯定孩子正确行为的出发点固然是好的。但一定要掌握表扬的"度"。

过分的夸奖会助长学生的骄傲自满心理。"你真棒，你真聪明，说得好，真好，非常好，太好了！"对于这样的评价语言，相信孩子第一次听到会激动半天，但我们不敢想象听到第 10 次、第 20 次甚至于更多时，孩子会做何反应？长期处于夸奖和表扬的氛围中，孩子很容易产生骄傲自满的心理。特别是教师不切实际地对学生进行表扬和夸奖，也会影响学生们正确的思想道德品质的形成。

夸大的表扬不利于孩子专心致志学习品质的养成。孩子取得一点点的成绩，有了小小的进步，就受到家长的大力表扬，似乎能给她们继续进步的信心，但这也很容易让孩子产生一种满足和不再进取的心理，导致她们在学习上产生一种随意应付和浅尝辄止的态度，不利于专心致志和刻苦认真的学习品质的形成。

过分夸奖会淡化批评教育的作用。如果孩子长期处于表扬和夸奖氛围之中，形成了自满自傲的心理，如果遇到家长的一点批评教育，她们的心理可能就承受不了，很容易出现问题。因此，"好孩子是夸出来的"这一命题并不是千真万确的。

△ 表扬女孩要实事求是，避免任意夸大。

孩子们都喜欢表扬和夸奖，但实事求是的表扬更有教育意义。如果家长从实际出发，表扬孩子的每一句话都是真实可信的，被表扬的孩子才能深受感染并产生进步的动力，激发前进的欲望。因此，教师和家长对学生表扬之前，要注重对事实进行深入的调查研究和全面了解，不可随意地、不切实际地对孩子任意进行表扬和夸奖。

△ 表扬要具体，要表扬出孩子在具体行为中反映出的精神。

对孩子的表扬要具体实际，才更有说服力，切忌用宽泛简单的语言对学生进行表扬，如"你太好了""你是最棒的"，等等，这些语言就没有针对性。要结合学生进步的实际表现进行表扬，例如："你帮助其他同学，这样做是对的"或"你今天上课很认真，进步不小。"这些赞扬的话语内容具体，可以很好地激励她们快乐生活。

图书在版编目（CIP）数据

养育女孩 / 鸿恩编著 . -- 长春 : 吉林文史出版社，
2019.3（2021.2 重印）

ISBN 978-7-5472-5950-4

Ⅰ.①养… Ⅱ.①鸿… Ⅲ.①女性－家庭教育 Ⅳ.
① G78

中国版本图书馆 CIP 数据核字 (2019) 第 027179 号

养育女孩
YANGYU NVHAI

编　　著：鸿　恩

责任编辑：孙建军　董　芳

出版发行：吉林文史出版社有限责任公司（长春市福祉大路 5788 号出版集团 A 座）

　　　　　www.jlws.com.cn

印　　刷：三河市京兰印务有限公司

版　　次：2019 年 3 月第 1 版　2021 年 2 月第 7 次印刷

开　　本：145mm×210mm　1/32

印　　张：8 印张

字　　数：240 千字

书　　号：ISBN 978-7-5472-5950-4

定　　价：38.00 元